Meine Sprache und ich

mit Sprachstruktur Persönlichkeit entwickeln

© LINGVA ETERNA Verlag GmbH, Erlangen 2012
Alle Rechte vorbehalten
www.lingva-eterna.de

Lektorat: Eva Woodtli-Wiggenhauser, Benken ZH/Schweiz
Schlusskorrektorat: Barbara Lösel, Nürnberg
grafische Gestaltung und Layout: Marit Budschigk, Erlangen
Satz und Druck: mandelkow GmbH, Herzogenaurach
Umschlagmotiv: ©plainpicture/Millennium
Foto Rückseite: Maik Musall

Gedruckt auf umweltfreundlichem, chlorfrei gebleichten Papier
Printed in Germany

ISBN 978-3-9811454-3-4

LINGVA ETERNA ist eine eingetragene Marke.

Theodor von Stockert

Meine
Sprache
und ich

mit Sprachstruktur
Persönlichkeit entwickeln

LINGVA ETERNA Verlag

Inhalt

Vorwort
von Mechthild R. von Scheurl-Defersdorf

Wir wüssten wenig von dem großen Linguisten Ferdinand de Saussure, wenn nicht einige seiner fleißigen Schüler seine Genfer Vorlesungen mitgeschrieben hätten. Er selbst hat sich schriftlich nie in größerem Umfang zu seinen sprachstrukturellen Ideen geäußert. Er lebte offenbar so eng mit dem gesprochenen Wort, dass er kaum etwas publizierte.

So ist es auch bei dem Arzt, Neurologen und Psychotherapeuten Theodor von Stockert. Nach ein paar bemerkenswerten Arbeiten zu Sprachstörungen bei Gehirnkrankheiten und einem lang zurückliegenden Buch zur Behandlung von Sprachstörungen widmete er sich dem Aufbau und der Leitung einer Klinik für neurologischen Rehabilitation.

Nun legt er mit „Meine Sprache und ich" ein reifes und ideenreiches Buch vor, das leicht und mit Vergnügen zu lesen ist und gleichzeitig Tiefgang hat.

Ich lernte Theodor von Stockert 2003 bei einem Symposium kennen. Er war der Schirmherr und ich hielt einen der Vorträge. Er ging ein Jahr später in Pension und war dann bereit für eine neue Aufgabe. Wir entschieden uns, von nun

1

gemeinsam zu arbeiten und das noch junge Konzept Lingva Eterna weiter zu entwickeln. So wurde er bereits 2004 Senior Partner des Lingva Eterna Instituts.

Theodor war und ist ein Pioniergeist, Querdenker und Neuerer, und er hat einen Blick für große Zusammenhänge. Diese grundlegenden Eigenschaften hatte er schon zu seinen Zeiten als Chefarzt unter Beweis gestellt, als er mit seiner Klinik einen völlig neuartigen Typ von Reha-Klinik schuf, der von nun an Vorbild für andere Kliniken wurde und somit nachhaltig Weichen stellte. Und dies ist nur ein Beispiel für sein visionäres Denken und Handeln.

Er hat Erfahrung damit, etwas gänzlich Neues schrittweise auf solide Beine zu stellen. Diese Erfahrung brachte er von Anfang an nebst seinen fachlichen Kompetenzen als Naturwissenschaftler und Arzt in unsere Zusammenarbeit ein. Wir halten einen großen Teil der Seminare gemeinsam, und auch an der Konzeption und Durchführung der Ausbildungen ist Theodor in erheblichem Umfang beteiligt.

In dem vorliegenden Buch stellt er das Sprach- und Kommunikationskonzept Lingva Eterna in einen größeren historischen und biologischen Rahmen und zeigt, in welche thematischen Bereiche es überall hinein reicht. Aus diesem Grund werden Sie dieses Buch in Buchhandlungen vielleicht unter verschiedenen Rubriken finden: Kommunikation, Psychologie, Sprachwissenschaften, Pädagogik oder Führungskräftetraining. Alles ist möglich und macht einen Sinn.

Theodor von Stockert lenkt den Blick auf die Struktur der Sprache und macht ihre ordnende Wirkung bewusst. Er wirft ein neues Licht auf den individuellen Wortschatz und auf die vermeintlich trockene Grammatik. Beides macht er zu einem lebendigen Instrument der Lebensgestaltung.

Er zeigt, welche Bedeutung eine klare, geordnete Sprache für eine gelingende Kommunikation hat und mehr noch: wie sie sich auf die Entwicklung der eigenen Persönlichkeit auswirkt. Die Wirkung geht noch wesentlich weiter: Eine geordnete Sprache und damit auch Denke wirkt sich nicht nur auf den Einzelnen aus. Sie wirkt sich auch gesellschaftlich aus. Ja, sie hat sogar eine Wirkung auf die biologische Entwicklung von uns Menschen in einer Zeit des tiefgreifenden Wandels.

Theodor von Stockert ist wie der Mann auf dem Titelbild: Er tritt hinter einem Vorhang hervor und blickt hinaus zu den Menschen mit ihrem Bild von der Welt und der Wirklichkeit und all ihrem geschäftigen Treiben. Er lädt Sie ein, mit ihm einen Blick hinter den Vorhang zu tun und das Geheimnis der Sprache zu lüften.

Ich wünsche möglichst vielen interessierten Menschen, dass sie dieses Buch mit Freude lesen und dabei die Welt neu entdecken. Sie ist so voll von Wundern!

Ich danke meinem Freund und Lebensgefährten Dr. Theodor von Stockert für sein grundlegendes Werk!

Mechthild R. von Scheurl-Defersdorf

Erlangen, 6. März 2012

Einleitung

Die Menschen verstanden ihre Sprache schon immer als etwas, was ihnen von Natur aus gegeben ist und was sie vom Tier unterscheidet. Die Schrift empfanden sie als ein Geschenk, welches sie erst später zusätzlich von den Göttern empfangen haben. Die Schrift und geschriebene Texte gelten für uns als bedeutsames Merkmal unserer Kultur. Auch heute schenken wir Texten in der Schriftsprache in der Regel mehr Aufmerksamkeit als der gesprochenen Sprache. Das ist erstaunlich, wo doch alle Menschen sprechen, soweit sie nicht aufgrund von geistigen oder organischen Defiziten daran gehindert sind. Dagegen gibt es viele Menschen auf der Erde, die nicht schreiben und lesen können.

Die Seele eines Menschen offenbart sich in dem, *was* er sagt und *wie* er es sagt. Wann immer er den Mund aufmacht, sagt er auch etwas von sich selbst. Das geschieht nicht nur im Inhalt und in der Bedeutung der Worte, sondern auch durch die Grammatik. Die scheinbar nur formalen Elemente in unserer Sprache übermitteln eine eigene Botschaft. Wenn diese Botschaft mit der inhaltlichen Botschaft nicht kongruent ist, dann kommt beim Hörer etwas Widersprüchliches an und die Wirkung ist verwirrend. Das geschieht oft unbewusst und ist doch ein Grund für Missverständnisse und für viele Konflikte in der beruflichen und der privaten Kommunikation.

Davon und von dem, wie wir dabei etwas wandeln können und was wir dabei gewinnen, wird in diesem Buch immer wieder die Rede – oder besser: „die Schreibe" sein – ebenso wie von *Lingva Eterna*.

Mechthild R. von Scheurl-Defersdorf hat das Konzept *Lingva Eterna* in den 1990er-Jahren entwickelt und mehrere grundlegende Bücher dazu geschrieben. Darin hat sie viele Aspekte dieses Konzeptes lebendig und mit einer Fülle von Beispielen und Geschichten aus ihrer langjährigen Lehrerfahrung mit Lingva Eterna dargestellt. Sie hat damit zahlreiche Leser fasziniert. Das vorliegende Buch verstehe ich als theoretischen Kommentar zu ihren Ausführungen.

Ich habe das Glück, mit ihr dieses Konzept seit 2004 systematisch weiterentwickeln zu dürfen. Mechthild von Scheurl-Defersdorf bringt einen sprachwissenschaftlichen und pädagogischen Hintergrund mit. Ich habe eine medizinisch-naturwissenschaftliche Ausbildung genossen und mich wissenschaftlich und praktisch mit Sprachstörungen und anderen neuropsychologischen Themen befasst. Und ich war viele Jahre Leiter einer neurologischen Rehaklinik. Unsere unterschiedlichen Kenntnisse und Erfahrungen haben sich als fruchtbare Ergänzung erwiesen.

Dieses Buch stellt unsere Arbeit in einen größeren Rahmen. Es richtet sich nicht nur an Sprachwissenschaftler oder Ärzte und Therapeuten, sondern generell an Menschen, die Sprache in verschiedensten Bereichen anwenden und die am bewussten Gebrauch der Sprache und ihrer differenzierten Wirkung interessiert sind: Berater, Trainer, Ausbilder, Pädagogen, Therapeuten, Manager und Eltern oder einfach neugierige und wachsame Köpfe. Sprache geht uns alle etwas an.

Der in dem Buch dargestellte Rahmen besteht aus sprachgeschichtlichen, prähistorischen und biologischen Aspekten. Immer wieder haben mich interessierte Menschen auf die biologischen Grundlagen von Sprache und Denken und auf gesicherte naturwissenschaftliche Grundlagen im Zusammenhang mit Sprache und Denken angesprochen. Wer einmal wissenschaftlich experimentell gearbeitet hat, weiß, dass er dabei immer auf einem sehr engen Gebiet und unter ganz speziellen Versuchsbedingungen arbeitet. Seine Ergebnisse lassen sich nur in engen Grenzen auf einen erweiterten Kontext übertragen. Und dennoch geschieht genau das ständig. Viele dieser oft umfangreichen Forschungsergebnisse sind mit Unsicherheiten behaftet. Die Autoren räumen dies meist selbst ein, und kritische Wissenschaftler aus den eigenen Reihen tun ihr Übriges dazu. In der Sekundärliteratur werden solche Ergebnisse dann oft als sichere Erkenntnisse dargestellt. Eine verbreitete Gier nach vermeintlichen „Beweisen" aus den Naturwissenschaften lässt manchen Leser dies dankbar als bare Münze bewerten.
Schon auf die einfache Frage, wie aus einem rein ideellen, das heißt immateriellen *Begriff*, zunächst eine phonematische und dann eine motorische Sequenz und schließlich ein gesprochenes und in Raum und Zeit *messbares* Wort wird –

darauf haben wir keine wirkliche Antwort. Und das wird wohl für immer ein Geheimnis bleiben.

Liebe Leserin, lieber Leser, Sie werden gemerkt haben, dass dies mein leidenschaftliches Bekenntnis zu einer *intellektuellen Lauterkeit* ist. Dies ist ein Begriff, der früher verbreiteter war als heute – und möglicherweise auch das, was dahinter steht. Ich bitte Sie: Haben Sie Zweifel! Fragen Sie weiter!

Die meisten Menschen wissen etwas von der Wirkung der Sprache in der Kommunikation mit anderen Menschen. Doch haben *Sie* sich einmal gefragt, was Ihre Sprache mit Ihnen selbst macht? Jedes Wort wirkt – auch auf den Sprecher selbst. Unsere Wörter sind ein Schatz, unser *Wortschatz*. Er enthält die Bausteine, mit welchen wir unser Leben gestalten. Die Grammatik liefert den dazugehörigen Bauplan.

In einer Reihe von Kapiteln führe ich Sie in die Lingva Eterna Werkstatt und zeige Ihnen etwas von unseren Werkzeugen und Techniken. Dort finden Sie im Einzelnen unsere Interventionen auf der rein sprachlichen Ebene und einige auf der psychologischen Ebene. Sie werden erkennen, dass diese Unterscheidung im Grunde gar nicht möglich ist. Bei Lingva Eterna sagen wir Ihnen, dass wir nur an der sprachlichen Oberfläche arbeiten. In Wirklichkeit werden Sie jedoch immer von den Wörtern auch innerlich berührt.

Der Werkzeugkasten ist sicher für manchen interessant. Doch ein Werkzeug *taugt* nicht ohne die *Kunst* dessen, der es führt. *Kunst* kommt von *können* und *taugen* hat etwas zu tun mit *Tugend*. So gehe ich zum Schluss dieses Buches darauf ein, welche Rolle innere Einstellungen, Werte und Tugenden bei uns spielen. Schließlich werde ich aufzeigen, welche Möglichkeiten und Grenzen wir in unserer sozialen und biologischen Entwicklung haben und was das mit unserer Sprache zu tun hat.

Biologische und historische Aspekte der Sprache

1

Was unterscheidet uns vom Affen?

Es sind zwei Unterschiede zwischen höheren Affen und Menschen, die wir gern hierzu anführen: die Fähigkeit zur Herstellung und zum Gebrauch von Werkzeugen und das Medium der Sprache.

Beim Gebrauch von Werkzeugen sind uns Affen nach neueren Berichten ziemlich dicht auf den Fersen. Was den Gebrauch der Sprache angeht, gibt es zwei wesentliche Unterschiede zwischen dem Menschen und anderen Primaten: Der Kehlkopf des Schimpansen liegt einige Zentimeter höher im Vokaltrakt als bei uns. Das ist eine Position, die es nicht erlaubt, ein differenziertes Inventar von Lauten zu produzieren, wie es zur menschlichen Sprache gehört. Die tiefere Lage des menschlichen Kehlkopfes erweitert den Stimmtrakt deutlich und so auch Stimmumfang und Resonanz. Damit kreuzen sich Atem- und Nahrungswege. Das wiederum bedingt, dass der Mensch nicht gleichzeitig atmen und schlucken kann. Diese Verlagerung des Kehlkopfes nach unten ging mit der Entwicklung des aufrechten Ganges beim Homo erectus vor etwa 400 000 Jahren einher.

Der andere Unterschied betrifft die Struktur und Funktion der menschlichen Sprache und ihren Gebrauch in der Praxis. Primaten können mit gezielten Schulungen – durch Menschen – lernen, mit sprachlichen Symbolen umzugehen, die für ein Vokabular stehen. Der Umfang von Wörtern, die sie dabei lernen, bleibt aber sehr begrenzt.

Das Ehepaar Gardner, Forscher aus dem Bereich der kognitiven Psychologie, berichtete 1966, dass sie dem Gorillaweibchen Koko mehr als 160 Elemente aus der amerikanischen Gebärdensprache für Gehörlose (ASL) beigebracht haben. Koko lernte, auf diese Weise sogar Sätze mit drei bis fünf Wörtern sinnvoll einzusetzen. Dies war nur in einer Laborsituation möglich und nicht in die Praxis außerhalb des Labors übertragbar. Andere Forscher wie der amerikanische Biologe Richard B. Primack haben mit eigenen Zeichensystemen bei Affen experimentiert und kamen zu ähnlichen Ergebnissen. Das lässt vermuten, dass die sprachliche Kreativität und der Impuls, etwas über die experimentelle Situation hinaus zu lernen, bei diesen Tieren begrenzt sind. Dagegen haben auch Menschen von geringer Bildung einen deutlich höheren Wortschatz und können mit ihrer Grammatik beliebig viele Sätze bilden.

In weiteren Versuchen der Gardners am Massachusetts Institute of Technology in Cambridge zeigte sich, dass Schimpansen in gewissem Umfang kreativ mit einzelnen Symbolen von ASL umgehen konnten. Die Schimpansin Washoe kombinierte beim Anblick eines Schwans das Zeichen für *Wasser* und das Zeichen für *Vogel* und für Alka Selzer in einem Glas mit Wasser die Zeichen für *horchen* und *Getränk*. Washoe hatte das Zeichen für *schmutzig* im Zusammenhang mit Kot gelernt. Beim Anblick eines Makkaken-Äffchens brachte sie mehrfach die Zeichenkombination *Affe* und *schmutzig*, als wolle sie ausdrücken, dass für sie dieses Exemplar einer primitiveren Affenart nicht standesgemäß sei. Wenn wir diese Äußerung tatsächlich als ein abfälliges Urteil betrachten wollen, dann ist Washoes Denken nicht weit weg von der menschlichen Psyche.

Ernüchternd sind Vergleiche des genetischen Materials bei Affen und Menschen. Der Unterschied zwischen dem Schimpansen als unserem nächsten biologischen Verwandten und dem Menschen beläuft sich gerade einmal auf 1,6 Prozent der Erbsubstanz, der von Schimpanse und Gorilla auf mehr als zwei Prozent. Da bleibt für das so komplexe System der Sprache vom genetischen Material her wenig Raum. Von den 1,6 Prozent Unterschied zum Schimpansen geht noch etwas für den aufrechten Gang ab und einiges mehr.

Zur genetischen Verankerung der Fähigkeit zu sprechen ist noch wenig bekannt. Seit einigen Jahren haben Forscher in England eine Familie untersucht, in der Personen aus mehreren Generationen das gleiche Bild einer schweren Störung der

Artikulation und der Satzbildung zeigen. Sie fanden bei allen, welche diese Störung hatten, die gleiche Abweichung an dem Gen FOXP2 am Chromosom 7 gegenüber den gesunden Mitgliedern der Familie. Der Leipziger Genetiker Svante Pääbo hat daraufhin nach der Entwicklungsgeschichte dieses Gens geforscht.

An dem Gen FOXP2 hat sich in 70 Millionen Jahren nur an drei Stellen etwas verändert. Die Struktur dieses Gens unterscheidet sich bei der Maus und dem Affen nur durch eine einzige Aminosäure. Beim Menschen sind noch zwei weitere Aminosäuren in der Sequenz ausgetauscht. Nach komplizierten Berechnungen seien diese Änderungen erst in den letzten 120 000 bis 200 000 Jahren erfolgt.

Sprache und Gehirn

Dass wir für die Sprache Speicherplätze in unserem Gehirn haben, ist schon seit der Mitte des 19. Jahrhunderts bekannt. Der französische Anthroploge und Arzt Paul Broca demonstrierte 1864 in Paris das Gehirn eines Mannes, der einige Zeit vor seinem Tode einen Schlaganfall und dadurch einen Sprachverlust erlitten hatte. Er hatte einen Substanzdefekt am Fuß der dritten linken Stirnwindung, und Broca schloss daraus, dass dies der Sitz der artikulierten Sprache sei. Dies war eine kluge und vorsichtige Formulierung, denn die Artikulation ist nur die motorische Umsetzung von vorstrukturierten Sprachimpulsen.

Der junge deutsche Neurologe Carl Wernicke stellte 1874 in seinem Traktat „Über den aphasischen Symptomenkomplex" ein System verschiedener Arten von Sprachstörungen und damit die ganze Repräsentation der sprachlichen Leistungen auf der Hirnoberfläche dar. Er beobachtete Patienten, die nach einem Schlaganfall wohl noch sprechen konnten, nur in einer völlig veränderten Weise. Sie ließen Sinn tragende Wörter aus oder entstellten sie merkwürdig, so dass ihre Sprache verworren klang. Was ihm auffiel, war die Tatsache, dass sie offenbar nicht richtig verstanden, was jemand zu ihnen sagte. Gleichzeitig merkten sie selbst nicht, dass sie verworren sprachen. Wernicke nannte das eine *sensorische Aphasie* und bezeichnete das, was Broca beschrieben hatte, als *motorische Aphasie*. Aus seinen Beobachtungen leitete er ein System ab, in dem er etliche weitere Störungen der Sprache darstellte.

13

Carl Wernicke hatte in vielen seiner Aussagen Recht. Nur betrachtete er Sprache unter dem rein sensorischen und motorischen Aspekt als eine Art Reflex.

Diese Darstellung wird jedoch der eigenen Struktur der Sprache nicht gerecht. Sprache organsiert sich nach ihr eigenen Kategorien, die weder aus der Physiologie noch aus der Psychologie ableitbar sind. So stellen sich heute die grundlegenden Typen der Aphasien nicht mehr als „sensorisch" und „motorisch" dar, sondern als Störungen der Syntax oder als Störungen im Gebrauch des Vokabulars (Lexikon). Diese Einteilung folgt primär sprachlichen Kategorien, deren Bedeutung für die Sprachpathologie erst durch die Erkenntnisse der neueren Linguistik klar darstellbar wurde.

Bei Lingva Eterna spielen genau diese beiden Bereiche eine zentrale Rolle: der Wortschatz und die Grammatik.

Wo und wann passiert was im Gehirn?

Eine grundlegende Erkenntnis Brocas war, dass die Sprach-
funktionen vor allem in der linken Hirnhälfte lokalisiert sind.
Sie sind mehr oder weniger an die Händigkeit gekoppelt.
Rechtshänder haben ihr Sprachzentrum in der Regel in der
linken Hemisphäre. Nicht alle Aspekte der Sprache sind streng
links lateralisiert.
Hierzu gab es schon aus den 70er Jahren des letzten Jahrhunderts interessante Untersuchungen mit dem sogenannten dichotischen Hören. Dabei hört der Proband genau gleichzeitig
auf dem rechten und dem linken Ohr unterschiedliche Sprach-
proben. Durch die Kreuzung der Hirnbahnen im Hirnstamm
gehen akustische Reize vom rechten Ohr bevorzugt in die
linke Hirnhälfte, die vom linken Ohr in die rechte Hirnhälfte.

Beim dichotischen Hören versteht der Rechtshänder mit
dem rechten Ohr (linke Hirnhälfte) einige Wörter und Sprach-
proben mehr als mit dem linken Ohr (rechte Hirnhälfte). Das
nennen die Wissenschaftler „Lateralisierung". Mit dem dichotischen Hören zeigte sich, dass die Syntax (Grammatik) stark
linkshirnig lateralisiert ist, während das Verständnis für Wörter im Sinne des Lexikons (Wortschatz) kaum lateralisiert ist.
Beim Erkennen von Musik hat das linke Ohr (rechte Hirnhälfte) einen geringen Vorteil gegenüber dem linken. Das
scheint allerdings nicht für Musiker zu gelten. Musiker verarbeiten Musik offenbar mehr analytisch als naive Musikhö-
rer, etwa so wie andere Menschen Sprache verarbeiten.

Viele dieser Befunde haben Forscher aus jüngerer Zeit mit modernen bildgebenden Verfahren wie funktionelle Magnetresonanztomografie (fMRT) und Protonenemissionstomografie (PET) bestätigt, dabei manches korrigiert und viele neue Erkenntnisse gewonnen.

Danach hat das nach Paul Broca benannte Broca-Zentrum tatsächlich eine bedeutende Funktion für das Verständnis von grammatischen Informationen. Weniger bedeutend als früher angenommen ist dieses Zentrum für die Artikulation. Das nach Carl Wernicke benannte Wernicke-Zentrum im oberen Schläfenlappen (Temporallappen) spielt tatsächlich eine wesentliche Rolle bei der Verarbeitung von semantischen Aspekten der Sprache. So ist der untere Schläfenlappen aktiv bei der Unterscheidung von Wörtern und Nicht-Wörtern. Das sind wortähnliche Lautgebilde, die keine inhaltliche Bedeutung haben.

Eine übergeordnete Funktion bei der strategischen Nutzung von phonologischen und semantischen Funktionen haben Bereiche des Stirnlappens (Frontallappen). Zu seinen Funktionen gehören das Kurzzeitgedächtnis und die Selektion der Erlebnisinhalte, die wir im Gedächtnis behalten wollen. Außerdem spielt er eine wesentliche Rolle beim Entwurf von Handlungen und langfristigen Planungen. Der untere (basale) Anteil des Frontallappens hat etwas mit sozialen Regeln und ethischen Grundsätzen zu tun.

All diese interessanten Befunde zur topografischen Zuordnung von Hirnleistungen zeigen uns nur bestimmte Orte, an denen etwas passiert. Sie sagen wenig dazu aus, *was* da passiert und *wie* es geschieht.

Es gibt dagegen auch interessante Befunde zum zeitlichen Ablauf bestimmter Ereignisse im Gehirn beim Sprechen und beim Verstehen von Sprache. Schon lange können Wissenschaftler und Kliniker von der Oberfläche des Schädels feine elektrische Ströme ableiten, welche in Echtzeit die Hirnaktivität an verschiedenen Orten anzeigen.

Aus dem ursprünglichen Elektroenzephalogramm haben die Forscher Techniken abgeleitet, mit denen sie elektrische Hirnpotentiale im genauen zeitlichen Zusammenhang mit der Verarbeitung differenzierter Reize im Gehirn messen. Sie werden als ereigniskorrelierte Potenziale (EKP) bezeichnet und in einer fortlaufenden Welle um eine neutrale Mittellinie dargestellt. Potentialschwankungen nach oben werden als negative Potentialwellen bezeichnet, Wellen nach unten gelten als positive. Das folgt einer willkürlichen Festlegung. Entsprechend dem zeitlichen Abstand in Millisekunden (ms) von der Ausgangsposition heißen diese Potentialwellen P100, N170, P300 usw.

Bei einer Studie zum Lesesinnverständnis zeigt die Versuchsperson eine Reaktion, die als Potential nach etwa 400 ms messbar ist und als P400 bezeichnet wird. Im Vergleich mit Pseudowörtern (lesbare wortähnliche, doch sinnlose Buchstabenkombinationen) fällt auf, dass die P400 bei diesen viel deutlicher ausgeprägt ist als bei normalen Wörtern. Das weist darauf hin, dass die P400-Welle semantisch differenziert, ob diese Buchstabenkombination einen Sinn ergibt oder nicht. Die erhöhte Amplitude zeigt, dass das Gehirn bei dem Pseudowort mehr Energie aufbringen muss, als es zur Verarbeitung eines bekannten Stimulus einsetzt.

17

Viel früher, schon bei 120 ms, reagiert das Gehirn links frontal auf syntaktische Regelverletzungen. Nach 400 ms zeigt sich zentral und in den Scheitellappen beiderseits Reaktionen auf semantische Regelverletzungen. Nach 600 ms kommt es dieses Mal an den Elektroden über den Scheitellappen zu einer neuen Reaktion auf ungrammatische Sätze, die als Re-Analyse des syntaktisch falschen Satzes aufzufassen ist.

„Ziel des Sprachverarbeitungssystems ist es, das Sprachsignal so zu analysieren, dass daraus ein stimmiges mentales Abbild der Struktur und Bedeutung des Satzes aufgebaut werden kann, welches der Intention des Sprechers entspricht. Hierbei scheint die syntaktische Information vorrangig zu sein." (Herrmann und Fiebach 2005). Daraus geht hervor, dass wir auch kleine Regelverletzungen in der sprachlichen Struktur wahrnehmen und sie offensichtlich eine Wirkung auf unser Gehirn haben, auch dann, wenn wir den Sinn eines Satzes bereits erfasst haben.

Unser Gehirn wünscht sich offenbar vollständige und wohlgeformte Sätze zu hören. Wenn wir dies beachten, dann werden unsere Worte auch bei anderen Menschen Beachtung finden und unsere Rede wird den gewünschten Erfolg haben.

Nun, liebe Leserin, lieber Leser, habe ich Sie in einige wissenschaftliche Details zum Thema Sprache und Gehirn entführt. In der Praxis sind die Fragen und die angewendeten Techniken noch viel komplizierter als ich sie hier dargestellt habe. Ich betrachte diese Ergebnisse als naturwissenschaftliche

Grundlagen für das, was Lingva Eterna für die erfolgreiche und wertschätzende Kommunikation einsetzt. Wie dies im Einzelnen geschieht, werde ich in den späteren Kapiteln weiter ausführen.

Die rechte und die linke Gehirnhälfte

Es gibt außer einer Rechts-links-Verteilung für Sprache und anderes akustisches Material auch Unterschiede hinsichtlich der Arbeitsweise der beiden Hemisphären. So arbeitet die linke Hemisphäre sequenziell, während die rechte mehr simultan operiert. Die linke arbeitet besser mit Sprache, die rechte besser mit komplexen Bildern. Die linke Hemisphäre arbeitet logisch, die rechte eher emotional. Dies alles gilt nur unter „normalen" Dominanzverhältnissen, das heißt beim Rechtshänder. Seine linke Hemisphäre steuert die rechte Hand. Daher bezeichnen wir sie beim Rechtshänder als die dominante Hirnhälfte. Beim Linkshänder kann das umgekehrt sein, muss aber nicht.
Die Dominanz der beiden Hirnhälften ist kein klares Entweder oder, sondern eher ein Kontinuum. In der Regel zeigen Rechtshänder eine strengere Lateralisierung als Linkshänder. Männer scheinen stärker lateralisierte Gehirne zu haben als Frauen.

Eine interessante Frage ist, wie die beiden Hemisphären zusammenarbeiten. Es gibt eine starke Faserverbindung zwischen beiden Hemisphären – den Balken, das Corpus Callosum. Diese verbindende Struktur ist bei Frauen im Durchschnitt stärker ausgebildet als bei Männern. Männer scheinen eher nur eine ihrer Hirnhälften zu nutzen, zum Beispiel die linke Hemisphäre konsequent bis zum Fanatismus. Ein andermal benutzen sie nur die emotionale rechte Hirnhälfte, und sie haben keinen klaren Blick mehr für manche Tatsachen.

Frauen tendieren mehr zu pragmatischen Lösungen, indem sie sachliche und emotionale Aspekte miteinander verbinden. Sie tun sich offenbar leichter, beide Hirnhälften gleichzeitig zu nutzen.

Unterschiede zwischen den Geschlechtern gibt es schon in der Entwicklung im Kindesalter. Mädchen beginnen im Durchschnitt zwei Monate früher zu sprechen als Jungen und entwickeln schneller einen größeren Wortschatz. Schon im Mutterleib nehmen Föten etwa ab dem achten Schwangerschaftsmonat Laute wahr. Ebenso machen sie Mundbewegungen wie beim Sprechen. Auch hierbei zeigen Mädchen schon früher und ausgeprägter ihr Mitteilungsbedürfnis als Jungen.

Was passiert bei der Psychotherapie?

Auch dies hat etwas mit den unterschiedlichen Funktionen der beiden Hirnhälften zu tun. Betrachten Sie einmal neuropsychologisch, was in der Psychotherapie passiert: Ein Klient kommt zum Therapeuten mit einem Konflikt. Meist wünscht er sich, dass etwas anders sein möge, als es tatsächlich ist, oder etwas, das er nicht erreichen kann. Darunter leidet er und will Hilfe, um diesen Konflikt für sich zu lösen.

Dann gibt es grundsätzlich drei mögliche Reaktionen: Entweder er ändert die Verhältnisse. Das steht meist nicht in seiner Macht. Oder er kann verzweifeln, gibt sich der Depression hin oder klagt andere an, dass sie an seinem Leid schuld seien. Auch das ist nicht lösungsorientiert. Oder er kann seine Wünsche und Ansprüche auf die tatsächlich bestehenden Möglichkeiten ausrichten und so eine tragfähige Lösung finden.

Es geht dabei um die Klärung der Unvereinbarkeit von rationalen Möglichkeiten und emotionalen Wünschen. Die linke, „logische" Hemisphäre erkennt diese Widersprüchlichkeit, doch empfindet sie dabei nichts. Die rechte Hemisphäre leidet darunter, dass etwas nicht so ist, wie sie es so sehnlich wünscht. Sie versteht jedoch nicht den Grund, warum das so ist. Sie weiß nicht, was ein logischer Widerspruch ist. – Sie leidet.

Der kluge Therapeut bietet *Metaphern* an, welche die Sprache der linken Hemisphäre und die komplexen Bilder und Emotionen der rechten Hemisphäre miteinander koppeln.

Metaphern sind sprachliche Elemente, die beide Hemisphären verstehen können. So transportiert er Botschaften in kleinen Portionen von der linken Hemisphäre in die rechte und andere zurück. Er schafft allmählich einen Ausgleich zwischen den beiden Hemisphären mit ihren unterschiedlichen Codes. So kann er schließlich der rechten Hirnhälfte einen Weg weisen, wie sie mit ihren emotionalen Fähigkeiten, zum Beispiel mit Trauerarbeit, aus dem Konflikt herausfindet.

Warum begannen die Menschen zu sprechen?

Die Menschen betrachten die gesprochene Sprache als etwas, das schon immer zu ihnen gehörte. Die beiden Fragen, seit wann es Menschen gibt und seit wann sie eine Sprache hatten, hängen eng miteinander zusammen. Welche anderen Eigenschaften und Fähigkeiten jenseits der Sprache erwarten wir von unseren Vorfahren, bevor wir sie überhaupt als Menschen bezeichnen? Aus den stummen Zeugnissen ihrer Kultur und Lebensweise können wir schließen, ob sie dafür schon eine Sprache *brauchten*.

Etwa vor 150 000 Jahren begannen Menschen oder ihre Vorläufer damit, recht differenzierte Werkzeuge zu schaffen. Prähistoriker nehmen an, dass sie dabei auch schon eine Sprache benutzten. Alles Weitere liegt im Dunkeln. Es gibt keine Tonträger, die uns darüber Auskunft geben könnten. Aufzeichnungen und schriftliche Dokumente gibt es erst viel später mit dem Aufkommen der Schriftsprache.

In der Genesis, dem ersten Buch des Alten Testaments, heißt es: „Gott bildete aus der Erde alle Tiere des Feldes und alle Vögel des Himmels. Er führte sie dem Menschen zu, damit er sie benenne. So wie der Mensch sie benenne, so sollten ihre Namen sein." So erhielt Adam den Auftrag zur Namensgebung. Hat er also schon eine Sprache gehabt und konnte er bereits über solche Namen verfügen? Oder war das der Auftrag, erst eine Sprache zu entwickeln, mit der er dann Tieren, Gegenständen, Materialien und Naturerscheinungen, welchen er in seinem Umfeld begegnete, eigene Namen geben konnte? Über diese Namen oder Bezeichnungen würde er dann mit seinen menschlichen Gefährten kommunizieren können, wenn sie diese Bezeichnungen auch verstanden und selbst verwendeten.

Niemand muss heute glauben, dass ein einzelner *Adam* diese Entwicklung vollbracht hat. Die Schreiber dieser alten Texte wählten eine Sprache, welche schon damals hoch entwickelt war, doch dem magischen Denken der Menschen dieser Zeit entsprach. Eine naturwissenschaftliche Formulierung, wie wir sie heute vielleicht verwenden würden, hätte niemand verstanden. Sie wählten für ihre Darstellung eine plausible Geschichte und erfanden einen Mythos, der die Dinge so darstellte, dass sie zu den damaligen Erkenntnissen der Menschen von ihrer Welt passten.

Noch heute bezeichnen die Astronomen Sternbilder mit Namen aus der antiken Mythologie, auch wenn sie viel weitreichendere Kenntnisse haben als Kopernikus und Keppler. Auch heutige Forscher aus der theoretischen Physik sprechen zum Teil in mythologischen Begriffen, weil sie nicht in der Lage sind, bestimmte Erscheinungen für normale Menschen verstehbar zu machen und weil ihre Sprache für manche der von ihnen entdeckten Phänomene noch nicht genügend entwickelt ist. Unsere Sprache kann nicht weiter sein als unser aktuelles Denken.

So war es auch damals: Die Menschen entwickelten ihre Sprache, weil sie sie brauchten und in Abhängigkeit von ihren Bedürfnissen. Alle Aktivitäten, die eine Planung und Organisation beinhalten, erfordern *Ab-sprachen.* Mit der Entwicklung einer planvollen Bewirtschaftung von Feldern entlang der großen Flüsse bedurfte es einer kollektiven Regelung mit Rechten und Pflichten. Auch die Jagd auf große Tiere erforderte eine sinnvolle Zusammenarbeit, welche einer Absprache bedurfte. Umso mehr bedurfte die Organisation einer Verwaltung in größeren Kollektiven einer klaren Struktur und verbindlicher Regelungen. In Mesopotamien gab es bereits Siedlungen mit bis zu 20 000 Menschen. Auch der Beginn der Schrift wurde dadurch nötig. Die Absprachen mussten schließlich dokumentiert werden.

Die Entwicklung von differenzierten Werkzeugen und die Weitergabe der Kenntnisse darüber sind nicht nur durch Beobachtung und Nachahmung möglich. Dies belegen neuere Studien. Erst die zusätzliche sprachliche Anleitung durch einen Lehrer ermöglicht das.
So dürfen wir davon ausgehen, dass die Erschaffung der Sprache mit der Entwicklung anderer kognitiver und praktischer Fähigkeiten und sozialer Organisationsprozesse einherging. Sie wurde dadurch erst erforderlich.

Seit wann gibt es Sprache?

Wann mag das gewesen sein und wie sahen diese Menschen aus, welche die erste Sprache erfanden? Waren sie überhaupt schon Menschen in unserem Sinne oder noch Vorstufen? Wurden sie erst zu Menschen in unserem heutigen Sinn, als sie sich eine Sprache schufen?

Die Jungpaläolithiker lebten vor 10 000 bis 40 000 Jahren und breiteten sich bereits über Afrika, Asien und Europa aus. Sie erlebten einen großen kulturellen Entwicklungssprung. Sie schufen differenzierte Werkzeuge, die sie für die gemeinsame Jagd auf große Tiere gebrauchten. Sie hatten Kultgegenstände und Bestattungsformen, die darauf hinweisen, dass sie einen Glauben an ein Jenseits ihres irdischen Daseins hatten, und sie schufen große Höhlenbilder und Kleinplastiken aus Stein und aus Knochen.

Sie hatten wahrscheinlich keinen gemeinsamen Ursprung, sondern entwickelten sich aus verschiedenen Wurzeln und setzten sich aus unterschiedlichen Kulturgruppen zusammen, die sich nur zum Teil vermischten. Andere Stämme entwickelten sich getrennt und hatten vermutlich auch eigene Sprachen oder Dialekte. Doch es gibt Hinweise, dass manche dieser Fähigkeiten auch viel frühere Hominiden wie der Homo erectus vor 150 000 oder gar 500 000 Jahren schon hatten und auch schon eine einfache Sprache gebrauchten. Mit dem aufrechten Gang war auch die Verlagerung des Kehlkopfes nach unten vollzogen, womit der anatomische Klangraum den Umfang hatte, wie er für die menschliche Sprache erforderlich ist.

Andere glauben, dass es einmal eine Einheitssprache gab, mit welcher sich die Menschen aller Völker untereinander verständigen konnten. Bei 1. Mose 11,1 heißt es: „Es hatte aber alle Welt einerlei Zunge und Sprache." Das erscheint uns heute wie ein paradiesischer Zustand. Erst später sei dann laut Moses die *babylonische Sprachverwirrung* beim Turmbau zu Babel erfolgt, so dass die Menschen sich nicht mehr verstanden. Sie sahen das als eine Strafe Gottes an, der sich damit vor dem Hochmut der Menschen schützte.

Nebukadnezar, unter dessen Herrschaft der legendäre Turm vollendet wurde, war ein kluger und weitsichtiger Mann, und es ist nicht belegt, dass sein Wunderwerk in spektakulärer Weise zusammenfiel. Und mit einer großen Sprachverwirrung hatte der Turmbau vermutlich nichts zu tun.

Generationen von Paläoanthropologen haben zur Frage, ab wann wir bei dieser Entwicklung von *Menschen* sprechen können, und wer von unseren direkten oder indirekten Vorfahren schon eine Sprache hatte, viele interessante Daten geliefert. Eine endgültige Antwort auf viele solcher Fragen gibt es noch nicht.

Wohin entwickeln wir uns?

Wir dürfen davon ausgehen, dass menschliche Sprache anfangs noch ziemlich einfach war und sich zunächst auf das Benennen von Tieren, Pflanzen, Naturerscheinungen und die von Menschen geschaffenen Gegenstände bezog. Eine Grammatik, welche die einzelnen Bezeichnungen in einem Satz zusammenfügt, kam wohl erst allmählich und über lange Zeiträume dazu. Das erste bekannte Werk mit der differenzierten Darstellung einer Grammatik ist in Sanskrit. Es stammt aus Indien und ist etwa 2500 Jahre v.Chr. entstanden.

Der allmähliche Aufbau der menschlichen Sprache war begleitet von der Entwicklung und Reifung unseres Gehirns. Es gibt Regionen im menschlichen Gehirn, die sich in den letzen 150000 Jahren besonders entwickelt haben. Dies ging offenbar einher mit dem zunehmend differenzierten Gebrauch von Werkzeugen und auch mit der Entwicklung der Sprache und von sozialen Strukturen wie dem Austausch und Transport von Waren.

Es sind vor allem zwei Regionen im Gehirn, die an Größe und Differenzierung zugenommen haben. Das ist zunächst die Übergangsregion von Temporallappen (Schläfenlappen) und Parietallappen (Scheitellappen). Hier liegen die Zentren für die Verarbeitung der unterschiedlichen Sinnesreize wie Sehen, Hören, Tasten und die motorische Region eng beieinander. Das ist ein großer Bereich, der uns durch zahlreiche multimodale Verknüpfungen von unterschiedlichen Sinnesreizen vielfältige

Möglichkeiten der Betrachtung bietet, eine Art multimodales Superzentrum. Mitten drin liegt auf der linken Hirnhälfte die Sprachregion, die all diese Erfahrungen in einem eigenen Code zusammenfasst und als sprachliche Form vielfältig nutzbar macht. Ich nenne das den *Know-how-Bereich* unseres Gehirns.

Ein anderes Zentrum hat sich in biologisch jüngerer Zeit besonders entwickelt: die Region an der Basis des Stirnhirns. Der Frontallappen dient der Planung und Zeitempfindung. Seine basalen Anteile haben etwas mit sozialen Aspekten zu tun, mit der Entwicklung von Regeln für ein friedvolles Zusammenleben, der Bildung von Gruppen mit gemeinsamen Interessen und der Abgrenzung von anderen etwa feindlichen Gruppen. Diese Hirnregionen sind notwendig für die Entwicklung gesellschaftlicher Strukturen und eines geregelten Austauschs von Waren und Dienstleistungen. Und ebenso auch von gemeinsamen Zielen und ethischen Normen.

Es sieht so aus, als wäre dieser Bereich in der Entwicklung seiner Strukturen gegenüber dem Know-how-Zentrum in der Scheitel- und Schläfenlappenregion zurückgeblieben. Das hat zur Folge, dass wir in der Lage sind, viele Dinge zu tun, von denen wir noch nicht wissen, ob wir sie tun sollen oder überhaupt tun dürfen. Das sehen wir bei der Entwicklung von vernichtenden Waffen, für die wir keine begründeten und allgemein anerkannten Anlässe kennen. Ebenso bei den beunruhigenden Möglichkeiten der uneingeschränkten Überwachung von Personen und auch in manchen Situationen in der Intensivmedizin. Wir sind bedroht durch unsere eigenen, stets weiter expandierenden Möglichkeiten, deren praktische Anwendung wir nicht mehr bremsen können.

Was können wir angesichts dieser Bedrohungen tun? Natürlich können wir noch einmal 50 000 Jahre warten, bis unser Stirnhirn seinen Rückstand vielleicht aufgeholt hat – wenn es dann noch Menschen gibt. Mit der Sprache haben wir vielleicht ein Instrument, diese Entwicklung zu beschleunigen und in absehbarer Zeit eine lebenswerte Zukunft zu gestalten. Eine so neu geschaffene Kultur könnte uns vor Rückfällen in eine Barbarei sichern, die durch die ungehemmte Fortentwicklung der Technik immer katastrophaler würde.

Die Schrift

Die ersten schriftsprachlichen Dokumente, die wir kennen, sind über 5000 Jahre alt und stammen von den Sumerern. Immer wieder gibt es neue Funde, die vielleicht noch älter sind. Während die Zeugnisse frühester Schriften aus Mesopotamien in Form von Tontäfelchen erhalten sind, waren altägyptische Schriftproben wohl zum Teil schon auf Papyrus niedergeschrieben. Sie haben die Zeiten nicht überstanden. Immerhin gibt es überhaupt Dokumente, die uns eine Orientierung geben, seit wann Menschen etwas aufgeschrieben haben.

Die Entwicklung vollzog sich wohl mehr oder weniger unabhängig voneinander in verschiedenen Regionen des Mittelmeerraums und führte daher zu verschiedenen Schriftformen in Ägypten, in Mesopotamien, auf Zypern und auf Kreta. Zu den ältesten Anteilen gehören die Zahlen, um Güter in Stückzahlen und Mengen darzustellen. Dies war nötig, um Tempelabgaben oder Handelsware zu dokumentieren.

Alle Schriften waren ursprünglich Bilderschriften. Dann wurden einzelne Ideogramme mit Zusätzen abgewandelt und durch Korrekturen einzelner Laute ergänzt, um daraus ein anderes Wort zu bilden. So entwickelten sich letztlich Buchstabenschriften.

Andere Schriften wurden zu Silbenschriften. Soweit die Schriftträger Tontafeln waren oder die Schrift in Steine gehauen wurde, waren es meist Keilschriften. Mit der Zeit entwickelten sich die Keilschriften zu einer Lautschrift in unserem Sinne. Eine Eigenheit dieser alten Schriften ist es, dass sie nur Konsonanten abbildeten und die Vokale dem Leser zur Ergänzung überließen. Im Arabischen werden lange Vokale in der Schrift abgebildet, jedoch nicht die kurzen. Für diese gibt es bei Bedarf Vokalisierungszeichen.

In Ostasien entstand etwa zur gleichen Zeit eine Bilderschrift ganz anderer Art, was die Kombinatorik von Bedeutungselementen betrifft. Diese Schrift hat sich bis heute in wesentlichen Zügen in unveränderter Weise erhalten.

Ein wichtiger Meilenstein für unsere Kulturgeschichte sind die altägyptischen Dokumente, die aus der Zeit ab 3320 v. Chr. datieren. Hier gibt es umfangreiche Texte mit offensichtlichen Beziehungen zu altsemitischen Quellen, lange bevor das Alte Testament entstand. Manche Sprachforscher sehen in den Tarotkarten ein Bindeglied zur hebräischen Geheimwissenschaft Kabbala.

Die Schrift wird in frühen Dokumenten der alten Kulturen als ein Geschenk Gottes oder der Götter an die Menschen bezeichnet – also als etwas, was die Menschen bekamen, als es sie selbst schon eine Weile gab.
Die Schrift galt als etwas Heiliges. Die einzelnen Buchstaben waren nicht nur Bezeichnungen für Laute im Sinne eines durch Konvention entstandenen Zeichensystems. Da sich die Buchstaben aus ganzen Wörtern ableiten, werden sie auch mit diesen Wörtern bezeichnet. Auch im Althebräischen hat jeder Buchstabe ein zugehöriges Wort mit einer speziellen Bedeu-

tung im Rahmen der Schöpfung. Die Position eines Buchstabens im Alphabet hatte eine Bedeutung und jedem Buchstaben war ein Zahlenwert zugeordnet. Im althebräischen Alphabet haben die 22 Buchstaben einen Gesamtwert von 1000. Der letzte Buchstabe ist das „Tau" wie wir es aus dem Griechischen kennen. Tau is end = Tausend!

Die Urschrift des Alten Testaments dürfen wir uns als einen Fließtext vorstellen, der ohne Wortgrenzen durchläuft und außerdem kaum Vokale enthält.
Hier ist als Bespiel ein Text, der Ihnen sicher bekannt ist. Als Fließtext ohne erkennbare Wortgrenzen und ohne Vokale geschrieben, werden Sie ihn kaum erkennen:

DWRDDSMNSCHNSTNNTSTBRSZCHTNNDZSCHTZNSTVRPFL
CHTNGLLRSTTLCHNGWLT

Wenn in diesem Fließtext die fehlenden Vokale durch Leerstellen markiert und die Wortgrenzen jeweils durch eine Lücke gekennzeichnet sind, dann können Sie schon einiges interpretieren:

D-- W-RD- D-S M-NSCH-N -ST -N-NT-STB-R S-- Z- -CHT-N
-ND Z- SCH-TZ-N -ST V-RPFL-CHT-NG -LL-R ST--TL-CH-N
G-W-LT

Und hier ist der vollständige Text mit den Lücken und der Zeichensetzung. Dazu kann noch die Groß- und Kleinschreibung kommen:

DIE WÜRDE DES MENSCHEN IST UNANTASTBAR. SIE ZU ACHTEN UND ZU SCHÜTZEN IST VERPFLICHTUNG ALLER STAATLICHEN GEWALT.

Sie erkennen jetzt den Artikel 1 des deutschen Grundgesetzes.

Für den heutigen Leser ist ein Text ohne Wortgrenzen und Vokale nicht verständlich. Auch damals sind wohl selbst gebildete Menschen kaum in der Lage gewesen, solche Texte zu verstehen. Dafür gab es die Schriftgelehrten. Die konnten solche Texte durch Segmentierungen und Einsetzen der Vokale verständlich machen. Bei der Segmentierung eines Textes gibt es manchmal verschiedene Möglichkeiten. Auf diese Weise ermöglichen die Texte verschiedene Auslegungen. Das macht sie mehrdeutig, geheimnisvoll und interessant.

Das Märchen von den Runen

Die Runenschrift gilt manchen als eine Sammlung von ur-tümlichen Zeichen einer mythischen Kultur der Germanen aus grauer Vorzeit. Diesen Mythos pflegten vornehmlich die Nationalsozialisten, um ein eigenes Gegengewicht zur römischen Kultur zu besitzen.

FUTHARK, so benannt nach den sieben ersten Buchstaben die-ses eigenen Alphabets, besteht aus 24 Lautzeichen. Manche ähneln lateinischen, etruskischen oder griechischen Buchsta-ben, andere finden sich in keiner anderen europäischen Schrift wieder. So wie im Althebräischen stehen die einzelnen Buch-staben jeweils für ein Wort. Jeder Buchstabe hat einen Namen. *f* steht zum Beispiel für fahn = Vieh, *u* heißt uruz = Auer-ochse, *r* ist radio = Ritt, Wagen, *s* ist sowulo = Sonne.

Einige Forscher sehen in einzelnen Schriftzeichen des FUTHARK eine Abbildung der Mundstellung und des Luftstromes beim Sprechen dieses Lautes. Die Schrift zeigt auch eine bemer-kenswert enge Phonem-Graphem-Korrespondenz. Das heißt, dass die Buchstaben ziemlich genau und regelmäßig einen be-stimmten Laut abbilden. Wenn Sie einmal darauf achten, wer-den Sie erkennen, dass dies im Neuhochdeutschen oft nicht so ist. Ein Buchstabe ist in verschiedenen Wörtern manchmal recht unterschiedlich auszusprechen.
Die hohe Übereinstimmung von Laut und Schriftzeichen und die Abbildung der Mundstellung bei FUTHARK sprechen dafür, dass vermutlich nur wenige Personen diese Schrift

bewusst und in kurzer Zeit entwickelt haben. Sie ist klar konstruiert und zeigt keine Elemente einer langen Entwicklung und Tradition mit vielfältigen Einflüssen.

In der Tat entstand FUTHARK erst im 2. Jahrhundert n.Chr. ohne bekannte Vorläufer in der Kultur der Wikinger. Es verbreitete sich nur in Nordosteuropa, in Südskandinavien bis etwa 700 n.Chr. und noch etwas länger in Südengland. Mit der Christianisierung setzte sich das Lateinische durch und verdrängte die germanische Schrift.

FUTHARK war nur eine kurzzeitige und regional verbreitete Schrift für eine Elite von Priestern und wenigen anderen Personen. Die etwa 6500 bekannten Dokumente sind Funde aus Schleswig und Dänemark mit kurzen Inschriften auf Steinen, Waffen und Kultgegenständen. Urkundenschriften oder Bücher wie bei Schriften aus Ägypten und dem Mittelmeerraum finden sich dabei nicht.

Ein neueres FUTHARK blieb noch einige Zeit länger, etwa bis 900 n.Chr. bestehen. Gemessen an dem geschichtlichen Reichtum der gesprochenen deutschen Sprache wirkt die Geschichte der Runen wie eine Episode einer bewusst geschaffenen Schrift von relativ kurzer Lebensdauer.

Bemerkenswert ist, dass sich Mönche im Frühmittelalter im Kloster Fulda auf einmal für die germanischen Runen interessierten und Schriften über „runaica" verfassten. Bonifatius hatte sich bei der Christianisierung Mitteleuropas schon im achten Jahrhundert n.Chr. gegen die heidnisch-germanische Kulte gewehrt. Er hat eigenhändig die für die Germanen heilige Donnereiche gefällt, um ihre Bedeutungslosigkeit gegenüber dem Christentum zu demonstrieren. Vielleicht hatten die deutschen Mönche dann doch eine gewisse Achtung vor der eigenen Spiritualität dieser rein germanischen Schrift und ihrer Geschichte.

Von der Philosophie zur Sprachforschung

Griechen, Römer und die Scholastik des Mittelalters hatten sich schon differenziert mit der Sprache als System und ihrer Anwendung im Rahmen der Rhetorik befasst. Johann Gottfried Herders „Abhandlung über den Ursprung der Sprache" (1769) dürfen wir als Beginn der neueren Sprachphilosophie und Sprachgeschichte betrachten. Von ihm stammt das schöne Bild der Sprache als Ergebnis davon, dass der Mensch aus dem Ozean der Empfindungen eine Welle anhielt und ihr mit dem Wort eine neue Realität gab. Wilhelm von Humboldt verfasste 1836 die Schrift „Über die Verschiedenheit des menschlichen Sprachaufbaus und seinen Einfluss auf die geistige Entwicklung der Menschheit". Damit wies er auf die Auswirkung der Sprache des Menschen auf dessen Entwicklung hin. In der Linguistik des 20. Jahrhunderts spielt dies unter der Bezeichnung „Linguistischer Determinismus" bei den amerikanischen Sprachwissenschaftlern Edward Sapir und Benjamin Whorf eine wichtige Rolle.

Der englische Philosoph John Locke (1632–1704) betrachtet die Sprache als *Reflexion* und damit als innere Erfahrung von der *Perzeption* und der *Sensation* als Erfahrungen aus der äußeren Welt. Das heißt: Wenn wir unsere Wahrnehmungen benennen und darüber Aussagen machen, schaffen und gestalten wir etwas Neues, indem wir es als sprachliche Realität eigens darstellen.

Deutsche Sprachphilosophie wäre unvollständig, wenn wir die Gebrüder Grimm nicht erwähnten. Sie sammelten nicht nur Märchen, sondern machten auch wichtige Untersuchungen zur Entwicklung der deutschen Sprache und der Dialekte. Sie gründeten die Tradition der Indogermanisten. Jakob Grimm (1785–1863) gilt als Begründer der historischen Sprachwissenschaft in Deutschland.

Er betrachtete die Sprache als gemeinsames Produkt einer Sprachgemeinschaft und förderte damit auf seine Weise die Einigung Deutschlands zu einer politischen Einheit aus einer Vielzahl von Kleinstaaten. Dazu hat er ein Wörterbuch der deutschen Sprache herausgegeben. Außer seinen sprachgeschichtlichen Arbeiten hat er auch Schriften zur Lautverschiebung zwischen dem Hochdeutschen und dem Niederdeutschen verfasst.

Als Begründer der methodischen und wissenschaftstheoretisch geprägten Sprachwissenschaft in Deutschland ist Hermann Paul (1846–1921) zu erwähnen. Er hat eine fünfbändige Grammatik verfasst, hat sich mit dem Sprachwandel befasst und war auch an psychologischen Hintergründen der Sprache interessiert.

Der Schweizer Ferdinand de Saussure (1857–1913) hielt in Genf eine Reihe von Vorlesungen zur Struktur der Sprache. Er hat sie nie selbst veröffentlicht. Sie existieren nur als mehr oder weniger vollständige Mitschriften seiner Schüler unter dem Titel „Cours de Linguistic generale." In den 60er-Jahren des letzten Jahrhunderts wurden sie von den damaligen Strukturalisten wieder entdeckt und galten als der große Geheimtipp für die Wiederentdecker der Strukturalisten.

Nach der russischen Revolution trafen sich einige an der Sprache interessierte Russen in Prag um Nikolai Trubetzkoi, den Begründer der Phonologie und um den Strukturalisten Roman Jacobson und gründeten 1922 den *Cercle linguistique de Prague.*

Die schier ungeheuerliche Verdichtung und Komplexität der Gedanken dieser Gruppe zeigt sich in einer Schrift von Roman Jacobson, publiziert 1944 in Uppsala in deutscher Sprache mit dem Titel „Kindersprache, Aphasie und allgemeine Lautgesetze." Damit betrachtet er den Sprachaufbau im Kindesalter und den Sprachabbau bei Hirngeschädigten mit der Frage nach Grundregeln unserer Sprache. Jacobson ging später in die USA, wo er noch bis in die 1960er-Jahre an der Harvard University lehrte. 1956 klärte er in der Schrift „Foundamentals of Language", dass allen Sprachen zwei Grundelemente gemeinsam sind, die er unter den Aspekten *similarity* und *contignuity* darstellte. Wer den Artikel aufmerksam liest, erkennt, dass es dabei um nichts anderes geht als um *Lexikon* und *Syntax.*

Die Begriffe *Lexikon* oder *Wortschatz* und *Syntax* oder *Grammatik* sind auch bei Lingva Eterna die beiden Grundelemente der Sprache. Der Wortschatz liefert die Bausteine unseres Lebens und die Grammatik ist der Bauplan dazu.

Der Amerikaner Noam Chomsky brachte 1965 seine „Aspects of a Syntax Theory" heraus. Er entwickelte darin mit der

41

Generativen Grammatik ein Konzept für eine universelle Grammatik. Von dieser Basisgrammatik lassen sich die Grammatiken beliebiger Sprachen durch spezielle Transformationsregeln ableiten. Sie ermöglicht es uns, Sätze zu bilden und zu verstehen, die wir noch nie gehört oder gelesen haben. Er ging von einer angeborenen Fähigkeit des Menschen aus, sprachliche Strukturen zu erkennen und aktiv zu nutzen. Dies erfordert allerdings zu seiner Entfaltung ein entsprechendes sprachliches Umfeld in der Kindheit. Damit widersprach Chomsky in einer Streitschrift dem Verhaltenspsychologen B. F. Skinner und dessen Vorstellung, dass die Sprache wie jegliches Verhalten erlernt und damit auch jederzeit erlernbar sei.

Chomsky interessierte sich vor allem für die abstrakten Regelsysteme der Sprache. Dazu traf er die Unterscheidung von sprachlicher *Kompetenz* und *Performanz*. Als *Kompetenz* bezeichnete er die Fähigkeit, mit dem komplizierten Regelsystem der Syntax umzugehen. Alles, was mit der praktischen Realisierung von Sprache und Sprechen zu tun hat, umschrieb er mit dem Begriff *Performanz*. Er widmete sich vor allem dem Ersteren.

Ein Aspekt der Generativen Grammatik war neben andern die Entwicklung von Übersetzungsautomaten. Für die einzelnen Vokabeln, wie wir sie im Lexikon finden, gelingt das relativ leicht. Grammatikalische Strukturen zu übersetzen, ist jedoch viel schwieriger als einzelne Wörter. Konkrete Sätze einer beliebigen Sprache stellen sich nach Chomsky zunächst in einer komplexen Oberflächenstruktur dar. Die komplexen Sätze zerlegte er in eine Kette von einzelnen Aussagesätzen, die er einer Tiefenstruktur zuordnete. Solche einfachen Elementarsätze lassen sich auch nach einfachen Regeln in eine andere Sprache übertragen.

Das Reduzieren eines Textes auf eine Kette einzelner abgegrenzter Aussagen hat auch einen weiteren Effekt: Dem Hörer wird es leichter, die Aussagen zu erfassen und sie sich zu merken, indem er jeder Aussage ein Bild zuordnen kann. Wir verarbeiten Aussagen nur so schnell, wie wir uns dazu Bilder machen können.

Bei Lingva Eterna lehren wir, in kurzen und vollständigen Sätzen zu sprechen, die oft den Sätzen der Chomsky'schen Tiefenstruktur nahe kommen. Dies erleichtert die Kommunikation, bringt Ruhe in das Gespräch und wirkt sich auf die Ausstrahlung des Sprechers aus. Die Bedeutung der kurzen Stätze werde ich im zweiten Teil dieses Buches bei den Bogensätzen wieder aufgreifen.

Die Sache hat System

Schon frühzeitig haben Philosophen und Sprachwissenschaftler Sprache als ein komplexes System betrachtet und sie haben für ihre Beschreibung zahlreiche Begriffe verwendet und im Laufe von Jahrhunderten ihre eigene Terminologie entwickelt. Im Folgenden erläutere ich einige der heute üblichen Grundbegriffe:

■ Lexikon
Lexikon bezeichnet die Sammlung aller für sich allein sinntragenden Wörter. Das sind vor allem Substantive und Verben. Unter dem Wort *Baum* können wir uns etwas vorstellen, ebenso wie unter *wandern*. Das Wörtchen *der* zeigt an, dass das nachfolgende Substantiv entweder männlich ist und im ersten Fall, im Nominativ, steht oder dass es weiblich ist und im zweiten Fall, also im Genitiv, steht: *der* Baum oder das Buch *der* Tante. Die beiden *der* haben somit eine gänzlich verschiedene Funktion im Satz. Die Tante wird damit nicht männlich.

■ Syntax
Die *Syntax* regelt Form und Beziehung der Wörter im Satz und ist Teil der Grammatik. *Grammatik* ist die Lehre vom regelhaften Baumuster der Sprache.

■ Morphologie
Morphologie ist die Lehre von den kleinsten bedeutungs-

tragenden Elementen der Sprache. Das ist einmal der Wortstamm, z.B. die Silbe *geb-* in dem Wort *geben.* Auch Vorsilben und Wortendungen gehören zur Morphologie. Sie können eine semantische Bedeutung haben, oder sie zeigen die syntaktische Funktion des Wortes im Satz an.

Phonologie

Die *Phonologie* sagt uns etwas über die einzelnen Laute der gesprochenen Sprache und zwar als System und nicht in der Art, wie wir Laute erzeugen. Das klingt etwas kompliziert. Betrachten wir den Laut *r,* so haben wir im Deutschen zweierlei von der Lauterzeugung und auch vom Klang her verschiedene Laute: ein Rachen-*r* und ein Zungen-*r.* Dennoch handelt es sich um ein gleiches *Phonem* mit dem gleichen Lautwert. Das Phonem ist nicht mit dem *Buchstaben* zu verwechseln.

Die gesprochene Sprache findet in der Schrift eine nur sehr unvollkommene Entsprechung. Ein geschriebenes *eu* sprechen wir als *oe* (übrigens nicht als *oi,* wie es der Duden angibt). Die Schreibweise *äu* hat den gleichen Lautwert. Der Unterschied liegt nicht in der Aussprache, sondern er kommt von der unterschiedlichen Ableitung des Wortes: *heute* steht für sich, *Bäume* leitet sich von *Baum* ab. Für den Buchstaben *e* gibt es je ein offenes kurzes und langes, je ein geschlossenes kurzes und langes und dann noch ein abgeschwächtes *e* am Ende eines Wortes wie in den Wörtern *Suppe, Tante, machen.* Das lange offene *e* in *wählen* schreiben wir mit *ä* und einem *h* zur Dehnung.

Phonetik

Die *Phonetik* befasst sich mit der tatsächlichen Lauterzeugung und Artikulation. Dabei gibt es überraschende Ergebnisse. Sprachforscher haben im Labor gesprochene Silben auf technische Weise nach Einzellauten segmentiert.

Dabei kam heraus, dass nicht nur die Buchstaben für die Wiedergabe von Lauten wenig geeignet sind, sondern dass es die Einzellaute im Sinne der Phonologie in der gesprochenen Sprache gar nicht gibt. Wenn sie von der Silbe *ba* das *b* technisch abschnitten, dann war nur noch eine Art Zirpen zuhören, das nicht mehr als Sprachlaut erkennbar war. Mehr noch: Das *b* in der Silbe *ba* ist auf dem Monitor ein anderes als in der Silbe *bo*.

Das bedeutet, dass die kleinste Einheit der gesprochenen Sprache die *Silbe* ist, die sich phonetisch nicht mehr weiter auflösen lässt. – Lange bevor ich von diesen Befunden Kenntnis hatte, fragte mich ein namhafter *Neurokybernetiker* nach der kleinsten Einheit im Rahmen der gesprochenen Sprache. Als ich ihm erklärte, dass dies nur die Silbe sein könne, bestätigte er, dass ein Impuls auf dem Weg durch die charakteristischen Zellsäulen in der Hirnrinde der Sprachregion etwa 200 ms brauche. Das ist etwa die Dauer einer Silbe in der gesprochenen Sprache.

Semantik

Als *Semantik* bezeichnen wir die Lehre von Sinn und Bedeutung von Wörtern und Sätzen – das, was wir inhaltlich sagen.

Pragmatik

Die *Pragmatik* stellt die Lehre von der Verwendung der Sprache in einem konkreten Umfeld dar. Dabei geht es um den jeweiligen Sprecher in einer speziellen Situation – darum, wie ein Dialog abläuft und welche Ziele der Sprecher hat, also um Kommunikation. Die Pragmatik spielt bei Lingva Eterna eine wichtige Rolle. Mehr dazu finden Sie gleich im nächsten Kapitel.

Jedes Wort wirkt – Sprache als Handlung

Sprache ist ein Medium mit einem eigenen Code. Sie dient uns dazu, unsere Gedanken, unsere Wahrnehmungen und Beobachtungen auszudrücken und uns mit anderen Menschen auszutauschen. Doch Sprache ist mehr als Benennen, Beschreiben und Berichten.

Sprache ist gleichzeitig auch Handlung, wie der Wiener Philosoph Ludwig Wittgenstein (1889–1951) bemerkte. Diesen Gedanken griff John Langshaw Austin auf, als er 1955 an der Havard University eine Vortragsserie mit dem Titel „How to Do Things with Words" hielt. Die Vorträge wurden erst nach seinem Tod 1961 veröffentlicht und elf Jahre später, 1972, ins Deutsche übersetzt. Sein Schüler John Searle schrieb 1969 ein Buch mit dem Titel „Speech Acts", woraus sich die *Sprechakttheorie* als ein eigener Forschungsbereich entwickelte.

Dies ist ein Thema aus dem Bereicht der Sprachpragmatik. Sie befasst sich damit, wer in welchem Zusammenhang wie etwas sagt und was er damit bezwecken will. Sprechen Frauen anders als Männer? Gibt es eine unterschiedliche Sprache in verschiedenen Gesellschaftsschichten und in verschiedenen Regionen des deutschen Sprachraums?
Auch Verkaufstrainings und Rhetorikseminare gehören zur Pragmatik. Es geht dabei um Formen und Wirkungen von gesprochener und geschriebener Sprache auch jenseits der Syntax und des Vokabulars.

Es ist erstaunlich, dass etwa zur gleichen Zeit wie Austin eben-
falls in Cambridge, Massachusetts, Noam Chomsky lehrte. Ihn
haben Sie als Hardliner der reinen Syntaxtheorie im letzten
Kapitel schon kennen gelernt.

Wir bei Lingva Eterna befassen uns sowohl mit der differenzierten Wirkung von unterschiedlichen grammatischen Elementen als auch mit dem Umfeld, in welchem der Sprecher
sich äußert und welche Wirkung er dort erzielt. Wesentlich
ist dabei der bewusste Umgang mit unserer eigenen Sprache.
Denn jedes Wort wirkt!

Adolf Hitler wusste viel von der Wirkung der Sprache und
setzte sein Wissen gezielt zur Unterdrückung ein. Victor
Klemperer stellt in seinem Buch „Lingua Tertii Imperii" den
gelenkten Verfall der deutschen Sprache im dritten Reich ein-
drucksvoll dar. Dabei haben die Machthaber systematisch
alles Individuelle und alle persönlichen Gefühle getilgt zu-
gunsten von „Führer, Volk und Vaterland". Der von allen Bür-
gern geforderte Gruß „Heil Hitler!" war die magische
Schutzformel, die ihm sein Leben bei zahlreichen Attentaten
sicherte.
– „So habe ich das noch nicht gesehen!", sagte mir ein nach-
denklicher Seminarteilnehmer sichtlich bewegt. Ja, auch dies
war die Wirkung der Sprache.

Die Arbeit mit Lingva Eterna 2

In den folgenden Kapiteln werde ich Sie in einige Besonder-
heiten von Lingva Eterna einführen. Es betrifft einmal die Betrachtung mancher Phänomene, die jedem ganz geläufig
erscheinen und doch auf der Strukturebene eine noch tiefere
Bedeutung haben, als wir gewohnt sind das zu betrachten.
Und ich werde Ihnen zeigen, was wir in der Praxis mit diesen
Erkenntnissen anfangen und unsere Klienten lehren.

Wissen wir wirklich, was wir sagen?

Es gibt etwas Erstaunliches an der Art unserer sprachlichen
Äußerungen: Wir Menschen haben kein natürliches Bewusstsein von der Struktur unserer Rede. Probieren Sie Folgendes
einmal selbst aus: Lassen Sie sich von einem Freund etwas
erzählen oder berichten. Unterbrechen Sie ihn nach drei Minuten. Sagen Sie ihm, Sie seien abgelenkt gewesen und hätten
nicht richtig aufgepasst. Bitten Sie ihn, Ihnen das Gleiche
noch einmal zu erzählen, wortwörtlich genau das Gleiche und

mit den gleichen Wörtern und Sätzen. Er wird Ihnen *inhalt-lich* ziemlich genau das Gleiche sagen wir vorher. Er wird allerdings nicht mehr wissen, wie viele Sätze er vorher gebracht hat, wie viele Aktiv- und Passivsätze er verwendet hat, wie genau er mit den Zeiten umgegangen ist usw. Also er weiß nicht mehr, was er ihnen gerade noch erzählt hat! – Das betrifft freilich nur die Struktur seiner Rede, nicht den Inhalt. Er wird die Sätze gänzlich neu bilden, und die werden vielleicht ganz anders klingen als beim ersten Mal.

Na und? Spielt es denn eine Rolle, mit genau welchen Wörtern ich etwas sage, welche Struktur die Sätze haben und ob ich etwas im Imperfekt oder im Perfekt ausdrücke? – Oh ja, es macht definitiv einen Unterschied. Die grammatische Struktur unserer Sätze übermittelt eine eigene Botschaft, die unserem Bewusstsein meist verborgen bleibt. Der Sprecher sendet sie unbewusst aus und der Angesprochene nimmt sie ebenso unbewusst auf – und dennoch hat die Botschaft aus der Struktur der Sätze eine eigene und subtile Wirkung. Überraschenderweise sind es gerade emotionale Botschaften, die wir mit den scheinbar so nüchternen Strukturelementen unserer Sätze übermitteln.

Wir sagen oft Wörter, deren ursprüngliche Bedeutung wir uns in diesem Moment nicht bewusst machen. Ein *Vorschlag* ist immer auch ein *Schlag* und ein *Einfall* immer auch ein *Fall*. Wie viel freundlicher klingen da eine *Anregung* und eine *Idee*. *Schlag* und *Fall* haben eine Wirkung, auch wenn wir diese in dem Moment nicht beabsichtigen.

Mit jedem Wort aktivieren wir alle Bedeutungen, die das Wort in seiner Geschichte je gehabt hat – bei verschiedenen Sprechern, in allen Kontexten und bei allen damit verbundenen Zwecken. Je nach Kontext fokussieren wir nur auf eine oder wenige der vielfältigen Bedeutungen. Die anderen Bedeutungen sind auch dabei und wirken mit, sie stehen nur im Schatten unseres Bewusstseins. So sind wir gut beraten, mit unserer Sprache achtsam umzugehen und auf die Struktur unserer Rede zu achten.

In unserer individuellen Sprache sagen wir manches aus unserem Leben und von unserem Charakter, ohne dass es uns bewusst wird. Wer viel im Passiv spricht oder häufig „man" und „müssen" sagt, zeigt damit an, dass er bei seinen Handlungen oft fremdbestimmt ist. Er lädt andere dazu ein, ihn zu benutzen. Wer statt des Futurs stets die Gegenwartsform benutzt, der wird nie genug Zeit haben. Er gönnt sich die Zeit schon in seiner Sprache nicht.
Wie oft hören wir: „Morgen muss ich das erledigen." oder: „Nächste Woche habe ich einen wichtigen Termin." Wie viel entspannter klingt es, wenn ich sage: „Morgen werde ich das erledigen." und „Nächste Woche werde ich einen wichtigen Termin haben." Das wird sich auf unser Leben auswirken. Auf diese Weise gestalten wir unser Leben mit unserer Sprache.

Wichtige Elemente für die Wirkung unserer Sprache sind *Klarheit* und *Kongruenz*. Ironie und Süffisanz sind gefährliche

Messer, mit denen wir nicht nur den Gesprächspartner, sondern auch uns selbst verletzen können. Dabei drücken wir mit
der Satzkonstruktion etwas aus, von dem wir in Wirklichkeit
das Gegenteil meinen.

Kinder, die in einem solchen Sprachmilieu bei oft hochintel-
lektuellen Eltern aufwachsen, wissen davon ein Lied zu sin-
gen. Sie sind dauernd doppelbödigen Botschaften ausgesetzt.
Sie haben kein Vertrauen in die Welt und tun sich schwer eine
Orientierung für ihr Leben zu finden.

Für die Wirkung unserer Rede ist noch etwas anderes bedeutsam: Die *Wertschätzung* und *Achtung* gegenüber unserem Gesprächspartner, seiner Person und Eigenständigkeit.

Lingva Eterna lehrt nicht, wie ich einen anderen zu etwas
überrede oder dazu bringe, dass er etwas tut, was er gar nicht
will. Wir trainieren auch nicht Gespräche, bei denen es primär
um den erfolgreichen Verkauf von Waren geht.

Wir arbeiten mit dem Seminarteilnehmer daran, eine klare und
wertschätzende Sprache zu entwickeln. Darüber mag er seine
Persönlichkeit entfalten und eine Ausstrahlung gewinnen, bei
der ein Kunde sagt: „Von diesem Mann kaufe ich auch ein
Auto." Das ist wirklich etwas ganz anderes – und vielleicht
wirksamer als ein Verkaufstraining. Was der Teilnehmer dabei
lernt, kann er in vielen Situationen nutzen und es wird eine
bereichernde Wirkung auf ihn selbst haben.

Legen Sie bitte den Block beiseite!

Wir legen bei Lingva Eterna besonders Wert auf die *gesprochene* Sprache. In den Seminaren verwenden wir daher keine digitalen Präsentationen. Wir würden uns damit nur von dem entfernen, was wir sagen wollen. Wir empfehlen den Teilnehmern, nicht mitzuschreiben. Auch das würde sie entfernen von den Erfahrungen mit Sprache, wie wir sie ihnen anbieten.

Ich habe dazu ein einfaches Bild: Was passiert, wenn ein Teilnehmer unsere Botschaft empfängt und alles mitschreibt? – Da kommen Schallwellen daher und erreichen seine Ohrmuschel und gehen deren Windungen durch und erreichen das Trommelfell. Dieses gerät in Schwingung und mit ihm Amboss und Steigbügel. Dann geht es weiter zum Innenohr, wo die akustischen Signale mittels feiner Haarzellen in elektrische Impulse umgesetzt werden.
Diese gelangen dann über Zwischenstationen im Mittelhirn und durch Kreuzung zur Gegenseite in den oberen Temporallappen der linken Hemisphäre in die Heschel'sche Windung und weiter in das Wernicke-Zentrum und das Broca-Zentrum in der Sprachregion, wo die Botschaft strukturell und inhaltlich entschlüsselt wird.

Durch Weiterleitung in andere sensorische Regionen entstehen Bilder. Soweit geht der Prozess, bis der Hörer die Botschaft verstanden hat. Wenn er das dann noch aufschreibt, dann geht die Sache wieder durch einen Sprachproduktionsapparat in einen schriftlichen Code. Der geht dann weiter in die Region für die Handmotorik. Dort wird ein ziemlich kompliziertes motorisches Programm ausgearbeitet und in die Peripherie, also in die Hand gesendet und dort in Bewegungen umgesetzt. Die Finger führen den Kugelschreiber über einen Block und hinterlassen darauf Buchstaben. Damit geht die Botschaft im Grunde wieder *aus ihm heraus*. Er kann das Blatt dann nach Hause tragen und in einem Ordner klemmen und in ein Regal stellen. Das war's dann!

Wir wollen, dass Sie mehr davon haben, dass die Worte bei Ihnen bleiben, dass Sie sie spüren und sie schmecken. Prosit! Auf eine Wortprobe!

Wortproben und Weinproben

Lingva Eterna macht uns unsere eigene Sprache bewusst. Wir dürfen davon ausgehen, dass jeder Sprecher weiß, was er inhaltlich sagt. Worauf er meist nicht achtet, sind die strukturellen Elemente seiner Rede. Sie übermitteln eine eigene Botschaft, die uns entgeht, wenn wir sie nicht besonders beachten. Wir spüren dem Klang und der Wirkung von Wörtern und Sätzen nach, entdecken sie und machen sie bewusst.

Bei einem Vortrag oder bei einem Seminar bieten wir zur Einführung unseren Teilnehmern gelegentlich eine Serie von zehn nicht zusammenhängenden Wörtern an, z.B. „Quellwasser – Apfelbaum – Telefon – behutsam – Urlaub – Familienfeier – Klarheit – Bank – führen – Dankeschön."

Dann fragen wir einzelne Teilnehmer, welche Wörter aus der Serie ihnen angenehm waren. Die Antworten sind meist recht eindeutig, jedoch von einem zum anderen unterschiedlich. Das Wort *Quellwasser* mögen alle. Bei dem Wort *Familienfeier* reagieren etwa ein Drittel erfreut, ein weiteres Drittel neutral und das letzte Drittel mit Ablehnung wegen der lästigen Vorbereitungen und der geschwätzigen Tante Emilie. Daran demonstrieren wir die individuell unterschiedlichen Speicherungen, die jeder mit einem Wort verbindet.

Auch bei den Wörtern *Flughafen* und *Airport* ist es so. Der eine denkt bei dem Wort *Airport* daran, dass er am Montag früh um 7.20 Uhr für seine Firma nach Berlin fliegen muss. Ein anderer erinnert sich spontan an den letzten Caipirinha, den er noch auf dem Flughafen in Santo Domingo vor dem Rückflug ins kalte Deutschland genossen hat. Einer bekommt bei dem Wort *Airport* regelmäßig unangenehme Gefühle und empfindet *Flughafen* als neutral. Das heißt, dass wir keineswegs unter einem bestimmten Wort auch das Gleiche verstehen. Das kann die Ursache von weitreichenden Missverständnissen sein.

Wir lassen in der Seminarrunde oft ein einziges Wort von fünf Personen nacheinander sagen. Jeder Sprecher spricht dabei eine ihm etwa gegenübersitzende Person an. So bekommt die Sprachprobe eine kommunikative Funktion. Wir sprechen unsere Wörter nicht einfach in die Luft, sondern wir sprechen in der Regel jemanden an. Die so Angesprochenen fragen wir dann: „War das jedes Mal das Gleiche?" Dann wird deutlich, dass das Wort bei jedem Sprecher etwas anders klang, einmal hart, einmal fragend, einmal traurig usw. und mit jedem anderen Klang entstehen beim Hörer andere Bilder und andere Geschichten. Dabei hatten alle Sprecher doch das gleiche Wort gesagt. Offenbar war es doch nicht das Gleiche! War die gleiche Botschaft jedes Mal wirklich die gleiche?

Wir nennen das *Wortproben.* Wortproben sind so etwas wie Weinproben. Wir nehmen die Worte in den Mund und probieren, ob sie uns schmecken und ob wir mehr davon haben wollen. Das ist für die meisten Teilnehmer eine völlig neue Art, Sprache zu erfahren. Die Wortprobe zeigt uns, was bei der praktischen Kommunikation mitschwingt und die Aussage auf unbewusste und doch ganz wesentliche Weise mitprägt.

Wir lassen jeden der Sprecher dieses eine Wort zweimal sagen, möglichst genau gleich. Das ist etwas recht Künstliches, und das tun wir in der praktischen Kommunikation höchstens dann, wenn der Hörer uns nicht verstanden hat.

Deshalb fällt es auch manchen Seminarteilnehmern schwer. Sie setzen nicht wirklich zweimal neu an, um das Wort zu sagen. Sie heben die Stimme beim ersten Mal am Ende und senken sie beim zweiten Mal. Damit schaffen sie eine Verbindung zwischen den beiden Wortproben, als wollten sie einen Satz und damit eine Aussage aus den zwei sonst sinnlos wiederholten Wörtern machen. Probieren Sie es einmal, lieber Leser, liebe Leserin: Bahnhof – Bahnhof. Das ist ganz unnatürlich. So gebrauchen wir unsere Sprache normalerweise nicht. Wir versuchen immer eine sinnvolle Aussage zu machen.

Also: Wieso lassen wir die Teilnehmer das Wort zweimal sagen? Wir wollen, dass sie zweimal neu ansetzen und das Wort genau gleich sprechen. Doch auch dann sind die Proben ganz unterschiedlich. Die beiden gleichen Wörter sind nämlich nicht die gleichen und die Aussage ist eine ganz andere. Beim ersten Mal *benennen* wir das Wort, welches wir beim zweiten Mal sagen, und beim zweiten Mal *sagen* wir es dann. Etwa so: „Ich sage jetzt Bahnhof: *Bahnhof.*" Die Form ist die gleiche, die Funktion ist eine andere. Erst beim zweiten Mal nehmen wir den Klang und die Struktur des Wortes und damit die Tiefe und die Breite der Bedeutungen für uns selbst wahr.

Ahnen Sie, was Sie mit Ihrer Sprache machen – und was Ihre Sprache mit Ihnen selbst macht?

Die gänzlich andere Funktion und Bedeutung eines Wortes bei der Wiederholung wurde mir klar bei der Arbeit mit Menschen, die durch einen Schlaganfall in der Handhabung ihrer Sprache mehr oder weniger deutlich eingeschränkt sind. Bei der Untersuchung der Sprache bei solchen Aphasikern prüfen die Untersucher unter anderem die Fähigkeit, Gegenstände oder meist Abbildungen von Gegenständen zu benennen.
Dies tat ich als junger Arzt in der damals einzigen deutschen Klinik für Sprachgestörte in Bonn. Ich verwendete dazu eine Serie von Abbildungen. Ein Patient machte diesen Sprachtest schon zum wiederholten Mal. Er stockte bei dem Bild mit einem Eichhörnchen, druckste herum und fand das Wort nicht. Dann sagte er zu unser beider großen Erheiterung: „Immer fällt mir das Wort *Eichhörnchen* nicht ein!"

Inzwischen weiß ich, dass er das Wort *Eichhörnchen* in zwei unterschiedlichen Funktionen gebrauchte. Das eine Mal sollte er das Tier auf der Abbildung benennen. Das war eine abstrakte Testaufgabe und das Wort hatte keine kommunikative Funktion. Es war im Grunde ein sinnloses Sprachspiel. Das gelang ihm nicht.
In dem Satz „Immer fällt mir das Wort *Eichhörnchen* nicht ein" machte er eine Aussage, in der das Wort *Eichhörnchen*

eine klare Funktion hatte. Das war kein Sprachspiel, sondern
eine sinnvolle Aussage, und die gelang ihm auf Anhieb. Es
ist erfreulich, dass auch sprachgestörte Patienten im praktischen Leben oft besser zurechtkommen, als es im Test für den
schlauen Doktor aussieht.

Die Tatsache, dass der Patient mit seinem Hirnschaden das
eine konnte und das andere nicht, weist darauf hin, dass es
für die beiden unterschiedlichen Verwendungen des gleichen
Wortes auch unterschiedliche neuronale Verknüpfungen gibt.
Die eine war offenbar mehr geschädigt als die andere.

Bei unseren Wortproben empfehlen wir den Seminarteilnehmern, ein Wort nicht dreimal zu sagen. Damit würden sie das
Wort fest an eine bestimmte Aussage in einer bestimmten Situation koppeln. Das ist bei dieser Übung nicht beabsichtigt.
Die dreimalige Wiederholung hat eine magische Kraft. Auch
Mephisto lässt sich von Faust dreimal rufen, bevor er auftritt,
und er verschafft sich damit eine besondere Bedeutung.

Erzähl etwas – in Bogensätzen!

Wenn wir gesprochene Texte so genau betrachten, wie wir das sonst nur bei schriftlichen Texten tun, so erkennen wir meist, dass etliche Sätze darin unvollständig sind, dass wir Sätze abbrechen und neue beginnen. Das ist ganz üblich. Folgen wir den Ausführungen eines Erzählers, so wissen wir oft nicht, ob ein Satz schon zu Ende war oder ob er weiter geht. Das kommt daher, dass der Sprecher bei seiner Erzählung nach jeder Aussage mit der Stimme oben bleibt. Das könnte dann ein Fragesatz sein – oder der Satz geht irgendwie weiter. Dem Punkt, den wir im schriftlichen Text sehen, entspricht in der gesprochenen Sprache das Absenken der Stimme. Viele Menschen beachten das nicht und bleiben mit der Stimme oben – sie kommen nicht auf den Punkt.

Wenn wir nach einer kurzen Passage einen Zuhörenden fragen, wie viele Sätze der Sprecher geäußert hat, dann bekommen wir sehr unterschiedliche Angaben. Einer sagt, es seien vier oder fünf gewesen. Ein anderer hat nur einen einzigen Satz gehört, bis der Sprecher mit seiner Stimme herunterkam. Einer betrachtet die Sätze als vollständig, wenn sie ein Subjekt und ein Prädikat und vielleicht noch ein Objekt haben, z.B. „Gestern ging ich in die Stadt" Die Stimme bleibt oben.

Der Bericht könnte so weiter gehen: „ ... und da traf ich den Jorgel – das ist ein so unangenehmer Typ – er quatscht einen immer an und klebt an mir wie eine Klette, der ist richtig lästig – du weißt, was ich meine." Dabei bleibt der Sprecher mit der Stimme immer oben und senkt sie erst, wenn ihm die Luft ausgeht. Und dann kommt eine weitere solche Passage.

Wie viele Sätze sind das? Es sind sechs grammatikalisch vollständige Sätze und sechs abgrenzbare Aussagen. Einmal spricht er davon, dass er in die Stadt gegangen sei. Dann erzählt er, dass er den Jorgel getroffen habe. Dann sagt er ein paar unschöne Dinge von ihm und schließlich will er eine Bestätigung dafür, dass die angesprochene Person auch alles verstanden hat.

Der Hörer muss von sich aus diese Passage in einzelne Aussagen segmentieren, um sie zu verstehen. Das macht Mühe und erfordert viel Aufmerksamkeit. Deshalb sind solche Berichte ermüdend, und der Hörer bekommt vielleicht nur einen Teil mit oder schaltet gleich ab. Die Aussagen haben wenig Wirkung auf ihn und er wird sie sich kaum merken.

Wir üben bei Lingva Eterna das Sprechen in *Bogensätzen*. Das sind kurze, vollständige Sätze ohne Nebensatz. Sie erinnern an die Sätze der Tiefenstruktur bei dem Linguisten Chomsky. Der Bogensatz ist dadurch erkennbar, dass er nur *eine* Aussage enthält und wir am Ende die Stimme senken. Danach folgt eine kurze Pause und der nächste Bogensatz folgt. Das demonstrieren wir in der Gruppe, indem wir eine Person einer anderen etwas erzählen lassen.

Das ist unsere *Erzähl-Übung*:
Wir bitten eine Person, von etwas zu erzählen, was sie gern im Frühjahr macht, wie es im letzten Urlaub war oder von sonst einem harmlosen Thema. Wir bitten sie, eine andere

Person anzuschauen, damit es wie eine echte Botschaft klingt. Wir erklären, dass wir darauf schauen, wie sie Sätze bildet, und dass wir schon nach wenigen Sätzen unterbrechen werden. Nach einer kurzen Passage fragen wir die angesprochene Person, ob sie gut folgen konnte und ob sie noch mehr hören mag. Die Reaktion ist meist verhalten positiv.

Dann bitten wir dieselbe Person das Gleiche noch einmal zu erzählen und dabei nach jeder Einzelaussage ihre Stimme zu senken und eine kurze Pause zu machen. Wir fragen den Angesprochenen und auch andere Personen wieder, ob sie gut folgen konnten, ob der Bericht für sie jetzt interessanter war, ob sie gern mehr davon hören mögen und ob sie sonst einen Unterschied zu der Passage ohne Absenken der Stimme wahrgenommen haben.
Dann kommen oft lebhafte Kommentare: „Jetzt konnte ich gut folgen und es hat mich interessiert. Deine Stimme war jetzt ganz ruhig und angenehm. Ich mag gern mehr hören. Du machst mich neugierig."

Probieren Sie es selbst mit einem Partner einmal aus, wie unterschiedlich das klingt! Es kann sein, dass es Ihnen nicht sofort gelingt, nach einem so kurzen Satz mit der Stimme herunterzukommen. Das ist für viele neu und oft schwierig! Mancher Teilnehmer brauchte mehrere Anläufe, bis es ihm gelang, die Stimme zu senken. Anfangs klingt das manchmal holprig. Wir können dann mehrere Bogensätze durch ein „und" verbinden. Entscheidend sind das Absenken der Stimme und die kleine Pause. Damit wird oft die Stimme auch kräftiger und der Sprecher nimmt eine gerade Haltung ein. Wenn Sie aus der gesenkten Stimme heraus Luft holen, wird es bald flüssig und angenehm klingen.

Manche Teilnehmer protestieren und finden solche Übungen albern. Wir lassen jedem die Wahl, ob er das Übliche tun will oder ob er den Versuch macht, mit seiner Rede mehr Wirkung zu erzielen und mehr Erfolg zu haben.

> Ein Mensch mit einer klaren und achtsamen Sprache wird eine Persönlichkeit mit einer Ausstrahlung entwickeln, die schon durch ihr Auftreten beeindruckt. Bogensätze wirken sich mäßigend auf die Sprechgeschwindigkeit aus. Der Sprecher kann bei einem kurzen Satz mit ganzer Aufmerksamkeit bei seinem Gedanken und seinen inneren Bildern sein.

Wer dies beachtet, braucht nicht ständig mit seinen Gedanken vorauseilen, um den Satz richtig zu Ende zu bringen. Das bringt ihm Klarheit und Entspannung und er wirkt auf andere kompetent. Für den Hörer ist es leicht, die Botschaft zu verstehen, und das Hinhören ist angenehm. Die Menschen werden einen solchen Sprecher als jemanden wahrnehmen, der etwas zu sagen hat.

Ich liebe dich, aber … – ein Spiel mit der Konjunktion

Vielleicht kennen Sie einen Menschen, bei dem es Sie stört, dass er andauernd „aber" sagt, auch dann, wenn es scheinbar keinen Sinn ergibt. Manche kombinieren das „aber" mit einem „ja" und korrigieren damit die Aussage eines anderen. „Ja, das kenne ich auch, aber …" „Ja, aber dabei müssen Sie auch bedenken …" Das sind die ewigen Protestler und Rebellen, die nichts so stehen lassen können, wie es ist. Sie neigen dazu, mit anderen zu rivalisieren und müssen unbedingt ihren eigenen Beitrag liefern. Darüber kommt es bei Talk-Shows manchmal zu tumultartigen Szenen, wo vier Leute gleichzeitig reden und es dem Moderator kaum gelingt, sich Gehör zu verschaffen. Manche Menschen beginnen schon ihre Sätze mit „aber": „Aber das ist jetzt schön geworden!"oder „Aber jetzt brauche ich einen Kaffee!" usw.

„Aber" ist eine nebenordnende Konjunktion (Bindewort), welche die Aussage des vorangehenden Halbsatzes relativiert oder korrigiert. Was ist von einer Erklärung zu halten, die beginnt: „Ich liebe dich, Engel, aber …" Die Angesprochene wird eine solche Erklärung kaum ernst nehmen – und den Sprecher auch nicht. Wer ständig „aber" sagt, macht keine klaren Aussagen. Er beschneidet seine eigene Kraft und kommt nicht zum Ziel. Das machen leider sehr viele Menschen.
Achten Sie einmal darauf, wie oft die Menschen in Ihrer Umgebung „aber" sagen. Wenn Sie glauben, Sie selbst würden es nicht oder nicht mehr benutzen, dann beauftragen Sie einen vertrauten Gesprächspartner, Ihnen zu sagen, wenn Sie es doch

gebrauchen. Sie werden vielleicht betroffen sein, wie oft das vorkommt, ohne dass Sie es merken.

Inzwischen haben viele etwas von der nachteiligen Wirkung des „aber" gehört oder sind bei Kommunikationsschulungen darauf aufmerksam geworden. In der Praxis bekommen sie es oft nicht in den Griff. Die zugrundeliegende Einstellung ist geblieben – und solange ändert sich nichts.

> Die Einstellung, die hinter einem „aber" steht, ist die innere Rebellion gegen die Ungerechtigkeit dieser Welt. Wir alle spüren sie immer wieder in uns in bestimmten Situationen. Und meist empfinden wir diesen inneren Protest als edel und gerechtfertigt. Wer nie den Impuls hatte, diese Welt zu verbessern, der ist ein armer Tropf!

Und doch frage ich all die so sympathischen Rebellen: Was ist denn ein Rebell? Ein Rebell ist ein Mensch mit hehren Absichten, einem starken Gefühl für Gerechtigkeit. Er kämpft für die Rechte der Unterdrückten, er opfert sich auf für eine große Idee und ist stets für andere da. Rebellen werden irgendwann auch geehrt und bekommen Standbilder und Gedenktafeln – wenn sie tot sind.

Ihre Verehrer sagen: „Er war ein großer Mensch. Er hat viel für uns getan. Wir werden ihn nie vergessen." Doch was geschieht mit dem Rebellen selbst? Er wird meist geschmäht und verfolgt, misshandelt, eingekerkert, geviertelt, aufs Rad geflochten und getötet.

Rebellen können vieles leisten und durchstehen. Nur eins können sie nicht: auf sich selbst und ihr eigenes Wohlergehen achten.

Dabei stelle ich klar: Ich achte Menschen, die in vollem Bewusstsein und nach eigener Entscheidung einen Weg gehen, der andere rettet und für sie selbst den Untergang bedeuten kann. Solche Menschen, wie Dietrich Bonhoeffer, gehen dann auch im inneren Frieden mit sich selbst und nicht nur im Protest.

Liebe Leserin, lieber Leser, mit Ihrem inneren Rebellen, ich frage Sie: Wollen Sie das wirklich so? Vielleicht werden Sie nicht gerade gevierteilt, doch schauen Sie auch darauf, was Ihre wirklichen Ziele sind, und was Sie dafür opfern wollen an Zeit, Geld, Anerkennung und Lebensfreude?

Beginnen Sie bei Ihrer Sprache. Sie hilft Ihnen dabei, den für Sie bestimmten und richtigen Weg zu finden. Mit dem häufigen und unbewussten „aber" halten Sie eine ablehnende Grundhaltung aufrecht, mit der Sie sich selbst im Wege stehen. Sie bringt Ihnen nichts und schafft unnötige Konflikte. Mit jedem „aber" geben Sie die Hälfte Ihres Glücks freiwillig weg. So empfehle ich Ihnen ein „Aber-Fasten." Sie werden dabei entdecken, dass Sie das „aber" meistens gar nicht brauchen und dass es vielmehr unnütz ist.

„Ich will in die Stadt fahren, *aber* ich muss noch schnell meine Schwägerin anrufen." Da liefern Sie sich noch zusätzlich die Druckmacher „muss" und „schnell" mit. Ist es wirklich ein „müssen" oder machen Sie das gern? Und „schnell" muss es auch nicht sein. Wie wohltuend ist dagegen: „Ich rufe jetzt meine Schwägerin an und dann werde ich in die Stadt gehen." So entscheiden Sie selbst, was Sie tun und wann Sie es tun werden.

Wie ich mit „weil" die Welt auf den Kopf stelle

Vielen ist die Wirkung des Wörtchens „weil" auf den Sprecher selbst und den Angesprochenen wenig bekannt. „Weil" ist eine unterordnende Konjunktion und signalisiert einen kausalen Zusammenhang. Dabei bewirkt sie eine Umkehrung des zeitlichen Ablaufs. Mit dem Satz: „Ich fahre in die Stadt, weil ich mir neue Schuhe kaufen will." missachte ich die tatsächliche zeitliche Abfolge. Richtig ist: „Meine Schuhe sind kaputt und ich brauche neue. Darum fahre ich in die Stadt und kaufe mir welche."

Mit dem „weil" liefern wir eine Begründung nach, die unnötig ist. Der Ablauf erklärt sich selbst. Wenn ich solch alltägliche Handlungen noch zusätzlich begründe, dann drücke ich Unsicherheit und Zweifel an dem Sinn meiner Handlung aus. Ich traue meinen eigenen Handlungen nicht und muss mich rechtfertigen für das, was ich tue. Manche Menschen haben das Empfinden, dass sie alles, was sie tun, und damit auch sich selbst als Handelnde, immer wieder rechtfertigen müssen.

> Mit seiner Existenz bekommt jeder Mensch einen Auftrag und ein Recht auf sein einmaliges Sein und auf seine eigenen Handlungen. Die zeitliche Umkehrung durch Weil-Sätze führt zu inneren Verstrickungen, die sich auch sonst im Leben eines Menschen und in seinem Denken hinderlich auswirken können. Wenn Sie in Ihren Sätzen die richtige zeitliche Ordnung darstellen,

dann wird sich in Ihrem Leben auch manches andere ordnen. Sie werden einen Schritt nach dem anderen machen und Ihr Ziel erreichen.

Der Sprecher kann seinen Gesprächspartner dazu verleiten, ihm mit einem Weil-Satz zu antworten. Wenn er ihn fragt: „Warum bist du nach Berlin gekommen?", dann wird er z.B. so antworten: „Weil ich diese Ausstellung sehen wollte." Dies ist eine unvollständige Botschaft. Vollständig wäre die Antwort: „Ich will gern diese Ausstellung sehen. Deshalb bin ich nach Berlin gekommen."
Es mag für seinen Besuch auch weitere Gründe geben, und er könnte antworten: „Ich habe ein paar Jahre hier gelebt und komme immer gern wieder einmal her." Damit trifft er eine eigene Aussage und reagiert nicht nur auf die Frage. Der Grund, warum er etwas tut, bleibt bei ihm selbst und es bleibt seine Entscheidung, wie er antwortet.

Was ist, wenn etwas nur wäre und doch nicht ist?

Der Konjunktiv I hat eine wichtige Funktion in der indirekten Rede. Jemand sagt mir: „Ich gehe heute ins Theater." Wenn ich das einer dritten Person berichte, so sage ich: „Er sagte, er *gehe* heute ins Theater." „Er glaubte, dies *sei* eine gute Idee gewesen." „Er meint, sie *hänge* sehr an ihrem Hund."
Liebe Leserin, lieber Leser, Sie werden vielleicht einwenden, dass heute nur noch selten jemand den Konjunktiv I in dieser Weise gebraucht. Es ist üblich zu sagen „Er sagt, er *findet* das höchst albern." Dies ist grammatikalisch der Indikativ. Oder „Er sagt, er *würde* das höchst albern *finden*." Dies ist dann genau genommen ein falscher Gebrauch des Konjunktiv II. Laut Duden gilt dieser Gebrauch heute jedoch als korrekt.

In der indirekten Rede ist uns der Konjunktiv I in der gesprochenen Sprache schon fast verloren gegangen. Wir kennen ihn vielleicht noch, doch nutzen wir ihn kaum. Werden unsere Kinder ihn überhaupt noch kennen? Der Konjunktiv in der indirekten Rede schafft bewusst eine Distanz zwischen mir als dem Berichtenden und dem, von dem ich berichte. Es sind nicht meine Erlebnisse und nicht meine Handlungen, und ich trage keine Verantwortung dafür. Das bringt Klarheit in meine Gedanken. Mit dem Verlust des Konjunktivs I ist uns auch die Klarheit oft verloren gegangen.

Der Konjunktiv II ist Ausdruck der Unwirklichkeit. „Es wäre schön, wenn die Sonne schiene." Also scheint sie nicht. Deshalb heißt diese Form des Konjunktivs auch *Irrealis*. Der Konjunktiv II im Bedingungssatz zeigt an, dass etwas nicht ist oder nicht erfolgt. "Ich würde noch einen Nachtisch essen, wenn ich nicht schon satt wäre."

Eine weitere Verwendung findet der Konjunktiv II bei nur vorgestellten Situationen. Hier sagt er aus, dass etwas nicht oder noch nicht real ist: „Angenommen, Sie sähen heute noch Ihre Traumvilla – würden Sie sie kaufen?"
Hier hat der Konjunktiv eine große Zugkraft. Dies wird besonders bei starken Verben deutlich wie hier „sähen" statt des viel schwächeren „würden sehen." In diese Funktion hat der Konjunktiv II einen visionären Charakter: „Stell dir vor, wir säßen in dem kleinen Strandrestaurant auf La Palma – was hättest du da für Gefühle?" Mit dem Konjunktiv II malt der Sprecher ein kraftvolles, lebendiges Bild. Doch ist es klar, dass es ein Bild ist und nicht die Wirklichkeit.

Indessen taucht der Konjunktiv II auch unter der Bezeichnung „Konjunktiv der Höflichkeit" in anderem Zusammenhang auf und bringt große Verwirrung.

„Würden Sie mir bitte die Butter reichen?!" ist zunächst ein unvollständiger Satz, der einer Ergänzung bedarf: „Würden Sie mir bitte die Butter reichen, wenn noch welche da wäre." Ich habe jetzt eine Bedingung hinzugefügt, nur um den Satz vollständig zu machen. In der Regel denken wir gar nicht an eine solche Bedingung. Wir lassen sie einfach weg und haben nur noch einen Stummelsatz mit unklarer Aussage.

Nicht nur der Konjunktiv II ist hier falsch verwendet. Auch die Satzform ist verwirrend: „Würden Sie mir bitte die Butter reichen?" ist eine Frage. Gemeint ist jedoch eine Aufforderung. Der Satz heißt korrekt: „Bitte geben Sie mir die Butter!" Wenn ich noch höflicher sein will, dann kann ich sagen: „Ich bitte Sie, mir die Butter zu geben." Alles andere ist unkorrekt, verdreht und entstellt den Sinn. Die Formulierung: „Könnten Sie mir bitte die Butter reichen?" sagt etwas anderes als ich meine. Natürlich *kann* der Angesprochene das. Ich bezweifle ja nicht seine Fähigkeit, mir eine Butterdose zu reichen. – Und doch ist es üblich, in der Umgangssprache solche Sätze zu machen.

Auch in anderen europäischen Sprachen wie im Englischen und im Französischen finden wir ähnliche Höflichkeitsformen. Vielleicht hat das nichts mit *höflich* zu tun, sondern mit *höfisch*. Bei Hofe gab es nicht nur Glanz und Würde, sondern auch Intrigen, Hofschranzen, Eifersüchteleien, Schmeicheleien und sogar Meuchelmorde. Da war einer gut beraten, seine Ideen und Wünsche nicht zu direkt und eher verklausuliert zu äußern und sich ja nicht festzulegen. Der französische Staatsmann Taillerand sagte: „Wir benutzen die Sprache, um unsere Gedanken zu verschleiern." Dazu mag dieser Gebrauch des Konjunktivs von Nutzen sein.

Gelegentlich hören wir den Einwand, eine direkte Formulierung wie: „Bitte gib mir die Butter!" klinge unhöflich oder barsch. Das kommt auf die Betonung an. Auch einen kurzen Satz kann ich freundlich aussprechen. Ich brauche nicht den

Höflichkeits-Singsang, mit dem wir bei langen Sätzen so schön herumorgeln können. „Würdest du so freundlich sein und mir die Butter herüber reichen?" Dazu kommt dann oft ein charmantes Wackeln mit dem seitlich geneigten Kopf. Probieren Sie es einmal aus: Nach welcher Seite neigen Sie den Kopf? Und was wollen Sie damit sagen? Ist das eine Art Entschuldigung oder Rechtfertigung? Wir sind es so gewohnt, und es ist üblich, so zu sprechen.

Auf die Frage: „Was ist üblich und was ist richtig?" haben wir eine andere Meinung, als sie bei den pragmatischen Linguisten weit verbreitet ist. Dort heißt es sinngemäß: Unser Gegenstand ist die Sprache, welche die Menschen tatsächlich sprechen in ihrer Lebendigkeit und mit ihren Entwicklungen. Wir haben nicht zu beurteilen, ob das schön, gut oder richtig ist.

Lingva Eterna betrachtet die Sprache als einen historisch gewachsenen Schatz von Regeln mit vielfältig wirksamen Entsprechungen in unserem Leben. All diese Auswirkungen auf der persönlichen und kollektiven Ebene erfordern viel Achtsamkeit. Wenn wir an dieser Ordnung auf der sprachlichen Ebene etwas leichtfertig ändern, dann wird das auch Folgen für unsere gesellschaftliche Entwicklung haben.

Bei Lingva Eterna glauben wir an die eigenständige Kraft der Worte mit ihrer ganzen Geschichte. Deswegen betrachten wir die etymologische Herkunft eines Wortes nicht nur als historische Spielerei, sondern sehen in ihr etwas Lebendiges. Was sind wir in der Begrenztheit unseres Daseins gegen die unergründliche Weisheit, die dem System der Sprache innewohnt? Wir schaffen unsere Sprache, und wir entwickeln unsere Sprache fort. Und das ist gut so. Umso mehr dürfen wir hinschauen, was wir da alles ändern. Ein Verfall der Sprache zieht den Verfall der Werte nach sich.

Es gibt immer auch Umgangssprache, Dialekte, Fachsprachen und regionale Sprachformen. Alle haben ihre Berechtigung und sind gar trefflich in einem bestimmten Rahmen, so wie andere Lebensformen auch. Das schmälert nicht die grundsätzliche Bedeutung einer gemeinsamen Hochsprache für unser Leben.

Was ist ein Nicht-Pferd?

Im üblichen Sprachgebrauch finden sich zahlreiche Negationen. Außer dem Wörtchen *nicht* gibt es die Vorsilben *un-* und *in-* wie in *un*bedeutend und *in*diskutabel. Sie finden sich auch in der Nachsilbe *-los*, beispielsweise in bedeutungs*los*. Sie drücken Verneinungen aus.

> Negationen sind hoch abstrakte, logische Operationen. Nur Teile der linken Hälfte unseres Gehirns verstehen sie überhaupt. Negationen erzeugen keine Bilder und haben keine eigene Semantik. Sie leben nur von dem, was sie leugnen.

Was ist ein *Nicht-Pferd*? Ist es ein Esel? Nein, ein Esel ist ein Esel und kein Pferd. Also was ist ein *Nicht-Pferd*? – Alles außer einem Pferd?

Wenn der Kommunikationsforscher Watzlawick sagt: „Denken Sie jetzt nicht an einen rosaroten Elefanten!" weiß er, dass Sie sich genau einen rosaroten Elefanten vorstellen werden. Als Protestler können Sie sich gerade noch einen *grünen* Elefanten leisten. Meist bleiben Sie an dem einmal gegebenen Bild haften.

Sagen Sie einem Kind, es soll die Flasche *nicht* fallen lassen, dann können Sie sicher sein: batsch ... klirr – und die Flasche liegt kaputt auf der Erde. Das Gehirn der Kinder ist noch nicht ausgereift und es orientiert sich an der Semantik der Botschaft: *Flasche – fallen.* Und das geschieht dann.

Haben Sie bemerkt, dass der vorletzte Satz auch eine Negation enthält?

Negationen sind in hohem Maße verbreitet und wir bemerken sie meist nicht. Mancherorts gilt das Urteil „Nicht schlecht!" als das höchste Lob für etwas. Dabei kommt es auch zu doppelten Negationen: „Die Frau ist nicht unflott!"

Warum sagen wir die Dinge *nicht* so wie sie sind? „Das ist eine schöne Frau!"

Unsere Sprache ist voll von Negationen: „Mach die Tür zu, damit es *nicht* zieht!" statt: „Mach die Tür zu, damit es schön warm bleibt!" „Geh rechtzeitig los, damit du *nicht* zu spät kommst." „Nimm einen Schal, damit du dich *nicht* erkältest!" Wir neigen offenbar dazu, eher alle möglichen nachteiligen Folgen zu sehen als die erwünschten. Wenn Sie immer wieder die unerwünschten Möglichkeiten benennen, laden Sie in Ihr Leben gerade das ein, was Sie *nicht* wollen.

Jedes Wort wirkt! Erfolg ist die *Folge* unseres Denkens und Sprechens – in der erwünschten oder in der unerwünschten Richtung. Es geht im Leben nicht nur darum, den richtigen Pfad zu finden, sondern auch, in die richtige Richtung zu gehen.

Außer der Negation gibt es in der Sprache noch weitere Glücksverhinderer. Sie gehen oft mit einer Negation einher: Sie fragen den Kellner, ob Sie statt der Knödel auch Kartoffeln als Beilage haben können. Er wird wahrscheinlich antworten: „Kein Problem." – Wieso redet er von Problemen, wenn die

Küche Kartoffeln da hat und er Ihrem Wunsch sicher gern nachkommt? Warum denken wir schon bei so banalen Dingen an Probleme statt an Lösungen?
Wer dazu neigt, Probleme herbeizureden, der wird damit „Erfolg" haben und Probleme bekommen.

Gute Zeiten – schlechte Zeiten

Wir beobachten, dass die Menschen heute die Zeitstufen in ihrer Sprache nur noch eingeschränkt gebrauchen, meist nur das Präsens und das Perfekt. Dabei ist es hilfreich, alle Möglichkeiten zum Gebrauch der Zeiten in unserer Sprache differenziert zu nutzen.

Wir kennen drei Formen der Vergangenheit: das Perfekt (2. Vergangenheit): "Ich bin gestern in die Stadt gegangen.", das Imperfekt oder Präteritum (1. Vergangenheit): „Ich ging gestern in die Stadt." und das Plusquamperfekt (3. Vergangenheit): „Ich war gestern in die Stadt gegangen."

Perfekt und Präteritum sind funktionsähnlich und beziehen sich auf ein zum Zeitpunkt der Äußerung vergangenes Ereignis. Das Perfekt ist gebräuchlicher: „Ich bin gestern in die Stadt gegangen." Das ist der gleiche Satz im Präteritum: „Ich ging gestern in die Stadt." Diese Form klingt für manchen zu akademisch korrekt und gestelzt. „Und in den meisten Dialekten geht's überhaupt nicht!" höre ich andere sagen.

Der Duden als offizielles Organ der deutschen Sprache sagt uns, dass beide Vergangenheitsformen ausdrücken, dass etwas in der Vergangenheit liegt und abgeschlossen ist. Ist das wirklich so? Wieso gibt es dann zwei Formen der Vergangenheit?

In einem Seminar in Würzburg ließ ich von zwei Teilnehmern die folgenden Texte lesen:

Version A:

„Gestern bin ich in der Stadt gewesen und hab mir einen Mantel gekauft. Da spricht mich ein gut gekleideter Herr an und fragt mich, ob ich ihm Geld leihen kann. Das ist mir komisch vorgekommen und ich habe ihm gesagt, dass ich kein Geld bei mir hätte. Natürlich habe ich Geld bei mir gehabt. Darauf hat er sich verzogen und ist ziemlich schnell davongelaufen. Später hab ich ihn gesehen, wie er mit einem anderen Herrn in einem teuren Restaurant gesessen hat. Sie haben am Fenster gesessen, deshalb habe ich sie von außen sehen können. Da bin ich mir dann sicher gewesen, dass er nichts Gutes im Schilde geführt hat. Ich bin zur Polizei gegangen und habe den Vorfall gemeldet."

Version B:

„Gestern war ich in der Stadt und kaufte mir einen Mantel. Da sprach mich ein gut gekleideter Herr an und fragte mich, ob ich ihm Geld leihen könne. Das kam mir komisch vor und ich sagte ihm, dass ich kein Geld bei mir habe. Natürlich hatte ich Geld bei mir. Darauf verzog er sich und lief ziemlich schnell davon. Später sah ich ihn, wie er mit einem anderen Herrn in einem teuren Restaurant saß. Sie saßen am Fenster, deshalb konnte ich sie von außen sehen. Da war ich mir dann sicher, dass er nichts Gutes im Schilde führte. Ich ging zur Polizei und meldete den Vorfall."

Danach fragte ich, wie die Teilnehmer die beiden inhaltlich absolut identischen Texte empfunden hätten. Die Version A im Perfekt fanden die meisten unangenehm. Der Ausgang sei unklar, es könne noch manches Schwierige kommen. In der Version B im Präteritum sei ja wohl alles abgeschlossen und erledigt. Es habe keine weitere belastende Wirkung auf den Hörer. Es sei ein Bericht.

Das heißt, die Wirkung der beiden inhaltlich identischen Texte war auf die Hörer recht unterschiedlich. Nun räumte ich ein, dass wir zwei unterschiedliche Sprecher mit verschiedenen Stimmen hatten, und noch dazu einmal eine Frau, das andere Mal einen Mann. Na klar, dass dadurch ganz unterschiedliche Wirkungen die Folge waren. Ich ließ nun die Texte von der jeweils anderen Person lesen. Der Sprecher im Perfekt (Version A) brach nach einigen Sätzen ab und wollte diesen unangenehmen Text nicht weiterlesen.

Die Teilnehmer hatten die beiden Texte als unterschiedlich empfunden. Die Version im Perfekt empfanden sie eben nicht als etwas Abgeschlossenes. Nach den Bezeichnungen *Imperfekt* und *Perfekt* sollten wir glauben, dass das Perfekt etwas Abgeschlossenes bezeichne und das Imperfekt etwas In-perfektes, nicht Abgeschlossenes. Ich habe einige kluge Spezialisten befragt, warum es zu diesen Bezeichnungen gekommen sei, die doch offenbar unzutreffend sind. Sie wussten es nicht. Ist es eine Folge des Fluches von Babel, der den Menschen ihre Sprache verwirrte?

Imperfekt oder Präteritum ist die klassische Erzählform. „Es *wohnte* einstmals eine Prinzessin in einem Land hinter sieben Bergen ..." So beginnen Märchen und Geschichten. Das Präteritum verführt uns, in eine fremde Geschichte einzusteigen und ihr zu folgen, ohne dass wir Sorge haben müssen, dass uns selbst der böse Wolf frisst oder der Riese uns zerschmettert. Es ist eine eigene Geschichte, die in sich abgeschlossen ist.

Das Präteritum kann uns helfen, eigene belastende Erlebnisse hinter uns zu lassen. Eine junge Lehrerin hatte die undankbare Aufgabe, einer Klasse von 13-jährigen Jungen Grammatik beizubringen. Sie kündigte dies mit dem Hinweis an, dies helfe ihnen, mit dem Liebeskummer besser zurechtzukommen. Damit hatte sie die volle Aufmerksamkeit der Jungen gewonnen. Sie ließ einen Schüler sagen: „Marianne hat mich verlassen." Das klang traurig und der Junge empfand es auch so. Danach ließ sie ihn sagen: „Marianne verließ mich." Darauf sagte er: „Die ist jetzt rum ums Eck. Jetzt bin ich frei für eine neue Freundin."

Mit dem Perfekt bezeichnen wir etwas noch Fortdauerndes. „Ich habe mir ein frisches Hemd angezogen." – Ich habe es noch an! „Ich habe mein Haus neu verputzen lassen." – Schau, wie schön es jetzt ist!

Texte im Perfekt wirken aktuell und lebendig. Sie nehmen uns in die Geschichte mit hinein. Noch deutlicher ist das, wenn ich aus der Erzählform plötzlich ins Präsens wechsle: „Gestern bin ich im Schwimmbad gewesen. Da *kommt* doch Tante Eulalia ganz munter auf mich zu! Ich hatte gedacht, sie sei krank. Das ist eine Freude gewesen!"

Dem Futur geht es nicht besser als dem Präteritum. Es kämpft um sein Überleben. „Morgen gehe ich in den Betrieb." und

83

„In zwei Wochen fahre ich in Urlaub." sind übliche Sätze in der Alltagssprache. Damit packen wir Ereignisse von morgen oder von in zwei Wochen in unsere Gegenwart mit hinein. Alles passiert in der Sprache *jetzt*. Was wundert's, wenn die Menschen dauernd von Stress reden, wenn sie sich keine Zeit zur Vorbereitung geben? Den Stress machen sie sich selbst, und das ist nicht nötig!

„Morgen werde ich in den Betrieb gehen." und „In zwei Wochen werde ich in Urlaub fahren." Wie schön und ruhig das klingt! Da haben Sie ja noch Zeit, in Ruhe Koffer zu packen und sich auf die Reise einzustimmen.

Wenn Sie dann am Urlaubsort angekommen *sein werden* (Ah, wie gut das klingt!), dann *werden* Sie den Urlaub auch vom ersten Tag an genießen. Da ist jetzt schon ein Futur II dabei: *wenn Sie angekommen sein werden*. Auch das ist geeignet, Ihre Pläne und Handlungen zu entzerren, wenn Sie daran schon Gefallen gefunden haben. Probieren Sie es in der Praxis aus. Sie werden überrascht sein, was das mit Ihnen macht. Wenn Sie eine erfolgreiche Zukunft haben wollen, dann beginnen Sie bei Ihrer Sprache. Gönnen Sie sich Zukunft!

Tilgungen

In der gesprochenen Alltagssprache lassen wir oftmals Teile eines Satzes weg, ohne dass wir uns dessen bewusst werden. Wir kürzen dadurch den Satz beispielsweise um Aussagen, die sich ohnehin aus dem Zusammenhang ergeben. Tatsächlich sagen wir dabei unvollkommene Sätze und blenden die Inhalte der getilgten Anteile aus. Die Tilgung ist ein Prozess, bei welchem wir Teile unserer ursprünglichen Ideen oder Erfahrungen und deren sprachlicher Repräsentation aus unserer Aussage entfernen.

Nach dem Konzept des *Neurolinguistischen Programmierens* (NLP) wird der Begriff der Tilgung als ein Löschen von Teilen der *Tiefenstruktur* des vollständigen Satzes verstanden. Sie haben den Begriff der Tiefenstruktur schon bei der *Generativen Grammatik* kennengelernt. Die *Generative Grammatik* betrachtet sprachliche Äußerungen zunächst als eine Kette von einfachen Aussagesätzen. Aus diesen lassen sich komplexe Sätze, z.B. mit Nebensätzen ableiten, die sich in der *Oberflächenstruktur* des Satzes abbilden. Bei diesem Prozess kommt es zu den genannten Tilgungen, die den Text formal wie inhaltlich kürzen, indem wir einen einzigen komplexen Satz bilden.

Dies ist ein Beispiel für einen Satz in der *Oberflächenstruktur*: Ich rufe Mechthild an, um sie zu fragen, wer der Autor des Buches sei, von dem sie gestern in einer Konzertpause sprach. In der *Tiefenstruktur* liest sich der Satz z.B. so: Mechthild und ich waren in einem Konzert. Das war gestern. Im Konzert gab es eine Pause. Mechthild sprach von einem Buch. Wer ist der Autor? Ich rufe Mechthild an.

Tilgungen richten sich meist nicht auf einzelne Wörter, sondern auf Satzteile oder ganze Sätze, häufig auf das Subjekt eines Satzes oder auf ein Objekt. Die Tilgung des Subjektes eine Aussage erfolgt beispielsweise durch eine Passivkonstruktion. Der Satz „Es wird behauptet, das Erdöl werde künstlich verteuert." bedeutet in der Tiefenstruktur etwa „Einige Menschen sagen über die Ölförderer: Die Ölförderer bieten ihr Öl zu überteuerten Preisen an." In diesem Beispiel dient die Transformation in die angeführte Oberflächenstruktur zunächst der Kürzung auf einen Satz. Gleichzeitig tilgen wir jedoch das Subjekt.

Durch die Frage „Wer behauptet ...?" können wir das getilgte Subjekt wieder einsetzen. Was zunächst wie eine praktische Einrichtung erscheint, erweist sich in anderem Zusammenhang als mehr oder weniger bedeutsame Verleugnung. Die Aussage „Die Scheibe wurde wieder eingeschlagen." lässt außer Acht, dass es einen Täter gibt. Die Formulierung „Die Stadt Dresden wurde in einer Nacht vollkommen zerstört." lässt die Bombardierung als eine Art Naturereignis erscheinen und erwähnt niemanden, der dies getan hat.

Die Passivkonstruktion ist gelegentlich kaum erkennbar wie in dem Satz „Ich bin verwirrt." Der vollständige Satz wäre „Ich bin verwirrt worden." Das legt die Frage nahe „Wer oder was hat dich verwirrt?" Wir nennen diese Form des Passivs das Zustandspassiv.

Auch der harmlose Ersatz des Subjektes durch ein Pronomen
ist formal betrachtet eine Tilgung. Bei dem Satz „Er hat bereits
den Champagner gekühlt." ersehen wir nicht, welcher umsich-
tige Mensch das getan hat. Das können wir nur aus dem Kontext entnehmen.

Bedeutsame Tilgungen erfolgen auch durch Worte wie „man"
und durch Generalisierungen wie „alle" und „jeder", mit welchen wir es umgehen, von einer konkreten Person, z.B. von
uns selbst, zu sprechen. Dies ist unklar und lässt uns unsicher
erscheinen.
In einem weiteren Sinn sprechen wir auch von der Tilgung der
eigenen Möglichkeiten durch unangemessene Generalisierungen. „Niemand kann das verstehen." – Vielleicht gibt es doch
jemanden, der es versteht. „Jeder Mensch weiß, dass ..." – Es
gibt sicher viele Menschen, die gerade das nicht wissen.

Tilgungen wie in den genannten Beispielen finden wir in unserer Alltagssprache häufig und in noch weiteren Formen und
Varianten. Sie haben vielfach den Sinn, endlose Ketten von
Primärsätzen zu umgehen. Doch wir können auch unsere
wahren Gedanken dadurch bewusst oder häufiger unbewusst
verschleiern. Somit wird unsere Aussage mehrdeutig und
führt leicht zu Missverständnissen. Der Sprecher erscheint unklar in seinen Gedanken und Wünschen. Das Aufdecken der
Tilgungen dient der eigenen Klarheit und kann verdrängte Erlebnisse bewusst machen. Und diese Klarheit macht es uns
schwer, unsere Absichten hinter komplizierten Formulierungen zu verstecken – auch vor uns selbst.

Bei Lingva Eterna hinterfragen wir häufig Tilgungen, um dem Sprecher die ganze Wahrheit seiner Aussagen bewusst zu machen. Er gewinnt dadurch an Klarheit und Authentizität und andere nehmen ihn als jemanden wahr, der zu seinen Aussagen steht.

Hallo, ich spreche mit dir!

Wie kommt es, dass wir jemanden ansprechen, und er reagiert nicht darauf oder nicht so, wie wir es uns wünschen? Meist liegt es daran, dass wir den Hörer nicht so ansprechen, dass ihn unsere Botschaft interessiert. Dazu leiten wir den Teilnehmer in einer *Ansprechübung* an.

Eine Mutter berichtete, dass ihr 15-jähriger Sohn Jens nicht die kleinsten Arbeiten im Haushalt übernehme – und überhaupt ... Sie begann eine lange Geschichte ausschweifend zu erzählen. Bei Lingva Eterna wissen wir, dass lange Geschichten dieser Art nur Verstrickungen und schlechte Emotionen zutage fördern. Wir glauben, dass das nicht lösungsorientiert ist. Das wiederholte emotionale Durchleben einer belastenden Situation allein bringt keine Lösung. Manche glauben das.

Lingva Eterna fragt nach der Struktur der Kommunikation in der konkreten Situation. Also: „Wie sagen Sie Ihrem Sohn, dass er die Spülmaschine ausräumen soll? Wählen Sie jemand in der Gruppe als Ihren Sohn und sprechen Sie ihn an!"
Sie spricht einen Teilnehmer in der Runde an: „Du könntest wenigstens mal die Spülmaschine ausräumen." Dann fragen wir die Person in der Rolle von Jens: „Haben Sie Lust, die Spülmaschine auszuräumen?" – „Nee! Überhaupt nicht!" So fragen wir auch die Nachbarn in der Gruppe rechts und links. Auch sie haben das Gefühl, dass das bei ihnen kaum ankommt.

Wir schauen uns die Ansage der Mutter genau an. Sie spricht ihren Sohn nicht namentlich an. Also fühlt er sich nicht angesprochen. Sie poltert los, ohne ihm die Gelegenheit zu geben, auf eine Anrede zu reagieren. Schon der Einstieg in eine sprachliche Interaktion entscheidet über ihren Erfolg. Wir nennen dies die wohlwollende Kontaktaufnahme mit den *drei* A.

> Die drei A besagen: Anschauen – Ansprechen – Atmen. Schauen Sie den Gesprächspartner an – sprechen Sie ihn mit seinem Namen an – warten Sie mindestens einen Atemzug ab, bevor Sie weitersprechen. So geben Sie ihm Gelegenheit, zu reagieren, durch ein Nicken, ein Grunzen oder irgendeine verbale Reaktion. Damit bestätigt er den Kontakt.

Kleine Kinder wissen das genau: „Mama – Maama – Maaaamaa!" Solange, bis die Mutter reagiert: „Ja, mein Engel, was ist denn?" Erst dann kann es weitergehen.

Dann gehen wir wie im folgenden Beispiel stufenweise daran, Alternativen zu finden. Der Satz „Jens, du könntest wenigstens mal die Spülmaschine ausräumen." ist eine Aussage und keine Aufforderung.
Dieser Satz „Du könntest ..." steht im Konjunktiv II und ist die erste Hälfte eines Bedingungssatzes. Der Satz ist damit unvollständig. Er ist zu ergänzen: „Du könntest die Spülmaschine ausräumen, wenn ..." Das meint die Mutter gar nicht! Auch der Indikativ: „Du kannst die Spülmaschine ausräumen ..." ist

wenig hilfreich. Natürlich *kann* der Sohn das machen! Dies anzuzweifeln, wertet seine Fähigkeit ab. Das ist etwas, worauf ein Jüngling in der Pubertät mit Ablehnung reagiert. Er fühlt sich damit selbst abgelehnt.

Ist es denn bei so viel Unklarheit erstaunlich, wenn er sich nicht rührt? Schließlich kommen wir zu der Formulierung: „Jens! Bitte räum die Spülmaschine aus!" Wir fragen denjenigen, der in der Rolle des Jens ist: „Sind Sie jetzt bereit die Spülmaschine auszuräumen?" Er antwortet etwas zögernd: „Naja, da muss ich ja wohl."
Viele Mütter/Eltern haben das bei uns gelernt und waren erstaunt, dass sie damit Erfolg hatten – es erfolgte etwas. Eine Frau berichtete darüber hinaus begeistert: „Du, das geht auch bei meinem Mann!"

Wir nennen diese Art von Kommunikationsübungen *Ansprechübungen*. Sie dienen dazu, die differenzierte Wirkung einer Formulierung des Sprechers auf den Angesprochenen genau zu beleuchten.

Diese Übungen eignen sich für alltägliche Situationen aus dem beruflichen oder aus dem privaten Bereich, wie in dem eben genannten Beispiel mit Jens und dem Ausräumen der Spülmaschine.
Dabei wählt der Teilnehmer eine konkrete Situation aus seinem Leben, in der er eine bestimmte Person ansprechen will und noch nicht weiß, wie er es am besten macht. Dann spricht er im Seminar eine von ihm ausgewählte Person an und fragt

sie zunächst ob sie bereit ist in die vorher benannte Rolle eines Gesprächspartners zu gehen. Die angesprochene Person geht nicht in einen Dialog mit dem Sprecher, sondern antwortet nur auf die Fragen des Seminarleiter, wie diese Botschaft auf ihn wirkt, motivierend oder nicht, und ob er dem Wunsch oder der Anweisung des Sprechers folgen mag. Wir bearbeiten seine Aussagen in der oben gennanten Weise, bis wir eine Form gefunden haben, die klar und korrekt ist und mit hoher Wahrscheinlichkeit die gewünschte Wirkung auf den Angesprochenen hat. Dazu müssen beide achtungsvoll miteinander umgehen und das Ergebnis akzeptieren.

Wir betrachten nicht nur die Entwicklung der Botschaft im Laufe der Sequenz, sondern auch die Ausstrahlung, Kraft und Würde des Sprechers. Auch diese ändert sich dabei oft erheblich und sind entscheidend für die gelungene Kommunikation.
Die Ansprechübungen sind anregend, die Gruppe hat viel Freude dabei, und meist haben auch die anderen Teilnehmer einen Gewinn für sich. Diese Übungen lassen sich auch beim Coaching einsetzen.

> Eine wichtige Voraussetzung für eine kreative Zusammenarbeit ist die grundsätzliche Achtung vor dem Gesprächspartner. Wenn diese nicht gegeben ist, wird es schwer, einen zielführenden Dialog zu führen. Ohne die Achtung des Gesprächspartners ist eine sinnvolle Kommunikation nicht möglich.

Interventionen

In allen vorangehenden Kapiteln des zweiten Teils ging es darum, was wir mit unseren Klienten machen, wie wir es machen und warum wir es tun. Wir fassen diese bewusst steuernden Aktivitäten unter der Bezeichnung *Interventionen* zusammen. Es handelt sich dabei um Anregungen, Fragen und Übungen, welche entweder der Klärung eines Prozesses dienen oder bei dem Seminarteilnehmer eine Wandlung im Bereich seiner Erkenntnis und Einsicht, seines Befindens und seiner Einstellung zu sich und zur Umwelt bewirken sollen.

Wir gehen grundsätzlich von der Fähigkeit der Teilnehmer aus, eigenständig zu denken und zu handeln. Eine Intervention ist daher als Angebot im Rahmen einer Beratung oder eines Coachings und nicht als therapeutische Maßnahme zu verstehen. Doch auch Therapeuten können sich bei ihrer Arbeit an den folgenden Ausführungen orientieren.

Mit unseren Interventionen setzen wir auf verschiedenen Ebenen an:

Sprachliche Interventionen betreffen die folgenden Bereiche: Beim *Wortschatz* arbeiten wir bei Lingva Eterna an Wortfeldern und Wortfamilien und wir lassen gesprochene Wörter und Sätze hören und spüren.

Artikulation, Aussprache und *Betonung* spielen eine bedeutsame Rolle für die Kommunikation und für die Entwicklung der eigenen Persönlichkeit. Die Bedeutung der Betonung habe ich schon bei den Bogensätzen erwähnt. Wir betrachten bei unseren Teilnehmern *Grammatik,* Struktur und Vollständigkeit der Sätze, Pausen und ungewöhnliche Segmentierungen. Manchmal lassen wir ein Wort oder einen Satz mit der Vorstellung einer angenehmen Farbe sprechen. Damit lässt sich oft eine *belastende Speicherung* aufheben und die negative Emotion abkoppeln.

Praktische Kommunikation üben wir in den Ansprech- und Dialogübungen an konkreten Beispielen, die wir entweder vorgeben, oder die Teilnehmer bringen eigene Fragen mit, die wir in der Gruppe bearbeiten. Dabei vergleichen wir verschiedene sprachliche Formulierungen und deren differenzierte Wirkung. Damit arbeiten wir auf der rein sprachlichen Ebene, zum Beispiel: Wie drücke ich mich in einer Situation zielorientiert und wirkungsvoll aus?

Psychologische Interventionen richten sich auf geistig-seelische Aspekte, die etwas mit unserer Einstellung zu uns selbst, zu unserer Herkunft, zu anderen Menschen und zur Welt zu tun haben. Da geht es in der Würdigungsarbeit um unsere Anbindung an unsere Eltern und Ahnen, ohne die wir nicht wären. Wir befassen uns mit der eignen frühen Geschichte und belastenden Botschaften in unserem Lebensskript, welche wir mit der *Kernintervention* auflösen. Und wir nehmen bewusst den unmittelbaren Lebensraum wahr, den wir für uns beanspruchen, um uns sicher zu fühlen und sicher aufzutreten. Dies geschieht in der Übung *Wahre deinen Kreis.*

Auf der *Verhaltensebene* finden wir oft im häuslichen oder im beruflichen Bereich Entsprechungen für die Unordnung, die wir schon in der Sprache eines Teilnehmers erkennen. Hierfür stehen unaufgeräumte Keller, nutzloser Sammelgruscht und chaotische Schreibtische. Manche Teilnehmer haben durch diesen Hinweis wichtige Erkenntnisse und es gelingt ihnen fortan leichter, ihre Ordnung zu finden. Sie berichten dann, dass sie sogar Freude beim Aufräumen hatten und danach eine große Entlastung empfanden. Gleichzeitig ordnete sich ihre Sprache.

Auch die sprachliche Beachtung von Rang und Hierarchie in der Umgebung eines Menschen gehören zur Ordnung im Leben. Wie spreche ich meinen Chef mit der ihm gebührenden Achtung an und wie meine Kollegen?

Manchen Teilnehmern empfehlen wir, ihre Kleidung und ihren Stil zu wandeln, damit sie zu ihrer Person und zu ihrem Auftrag im Leben passen.

Manche Menschen haben kluge Ideen, mit denen sie anderen etwas Sinnvolles anbieten könnten, nur haben sie ein Auftreten und ein Erscheinungsbild, das viele abschreckt. So wird es ihnen schwer fallen, andere zu überzeugen. Meist ist dann auch die Sprache achtlos, unartikuliert und mit vielen unvollständigen Sätzen.

Sprache und Erscheinungsbild entsprechen sich oft. Auf beiden Ebenen können wir intervenieren, indem wir etwas bewusst machen, anregen oder jemandem anbieten, ihn zu begleiten.

3

Sprache und Persönlichkeit bei Lingva Eterna

Die Art, wie wir bei Lingva Eterna mit Sprache umgehen, beschränkt sich nicht auf die Nutzung eines Werkzeugs zur bewussten Kommunikation. Sie berührt immer auch psychologische Aspekte bei uns. Manches wird uns dabei bewusst, anderes bleibt im Unbewussten. So sind Interventionen auf scheinbar rein sprachlicher Ebene meist auch psychologische Interventionen. Als im engeren Sinn *psychologische Interventionen* bezeichnen wir solche, die primär von geistig-seelischen Fragen und emotionalen Aspekten ausgehen.

Wir orientieren uns zum Teil an anderen Konzepten aus der Psychologie und integrieren sie in unsere Arbeit.

Aus dem Bereich der *Transaktionsanalyse* von Eric Berne eignen sich die *Ich-Zustände* im Funktionsmodell, um Rollen und Beiträge der Gesprächspartner bei sprachlichen Interaktionen im Einzelnen zu analysieren.

Bedeutsam ist für uns auch die *Skripttheorie* der Transaktionsanalyse, aus der wir unsere *Kernintervention* entwickelt haben. Sie ist ein außerordentlich wirksames Instrument zur Auflösung von belastenden Botschaften aus der frühen Kindheit. Sie ist in einem eigenen Kapitel genauer dargestellt.

Vieles haben wir gelernt aus zahlreichen *systemischen Aufstellungen* von Bert Hellinger. Wir machen selbst keine Aufstellungen, doch übernehmen wir einige Aspekte aus der Arbeit Hellingers. Dies gilt vor allem für die grundsätzliche Achtung jedes Menschen und seiner Stellung im System. Dies werde ich bei der Würdigungsarbeit sowie bei meiner Betrachtung der Hierarchie und der Sitzordnung ausführen.

Eine eigene psychologische Intervention ist die Übung *Wahre deinen Kreis*. Damit betrachten wir die Empfindung der eigenen körperlichen Identität in ihrer räumlichen Dimension für eine friedvolle Kommunikation.

Bevor wir zu den einzelnen Interventionen kommen, gehe ich auf die große Bedeutung der Sprache für unser geistiges und seelisches Leben im Allgemeinen ein:
Die Sprache macht uns unabhängig von Raum und Zeit. Wir können Erlebnisse und Empfindungen, die wir irgendwann in der Vergangenheit hatten, mit der Sprache jederzeit aktualisieren. „Erinnerst du dich an den großen roten Omnibus im letzten Herbst am Trafalgar Square in London?" Mit dieser Frage bringe ich ein Ungetüm von Bus aus dem letzten Herbst in diesem Moment in eine Zwei-Zimmer-Wohnung in Kleinsendelbach. Das ist faszinierend!

Wir können über frühere Ereignisse heute berichten und sie besprechen, und wir können mehrere Ereignisse zusammenfassen und zuordnen: „Das ist wieder so eine Demonstration wie damals in Berlin!" Wir können etwas für die Zukunft planen und damit Ereignisse und Objekte vorwegnehmen, die es noch gar nicht gibt, zum Beispiel: „Wir werden einen völlig neuen Typ von Motorrad entwickeln!" Oder wir fassen zusammen, bilden Kategorien und bewerten: „Das sind alles Finanzfragen, auch wenn es nicht so aussieht."

All dies macht das Leben der Menschen in hohem Maße komplex. Das Regelsystem, das uns die Sprache vorgibt, hilft uns dabei, diese Fülle zu ordnen und Klarheit und Übersicht zu schaffen. Wir formulieren Regeln für viele Beobachtungen in der Natur und erfinden neue Geräte, um die Beobachtungen noch weiter zu verbessern. Wir schaffen soziale Regeln für ein effizientes und friedvolles Zusammenleben. Wir können unsere Emotionen äußern und reflektieren, ohne sie gleich ausagieren zu müssen. Das alles ermöglicht uns die Sprache. Und die Sprache hat viel mit unserer Psyche zu tun, mit unseren Gefühlen und Emotionen, mit unserem Gedächtnis und immer wieder mit der Kommunikation mit anderen Menschen, gerade auch in Situationen, die für uns schwierig sind.

Flauschherz und Co. –
zur Wandlung der inneren Einstellung

Der Umgang mit schwierigen Kommunikationspartnern ist oft eine große Herausforderung für manchen Seminarteilnehmer. Ein Mann war ganz verzweifelt und schilderte zum Beispiel einen aggressiven, polternden, ständig Druck verbreitenden Chef. Andere klagen über einen stets fordernden, abwertenden und beleidigenden Partner. Es ist für sie schwer, zu der Person eine freundliche und achtungsvolle Haltung zu finden. Manchmal gelingt es ihnen, von der Idee und Absicht her eine positive Grundeinstellung zu der Person zu gewinnen. Diese bricht dann in der konkreten Begegnung mit wüsten Beschuldigungen und Demütigungen zusammen.

Dies geschieht im privaten wie auch im geschäftlichen Bereich. Es ist oft so, dass der Betroffene einer häufigen Begegnung mit diesem Menschen nicht aus dem Wege gehen kann, da er auf die Zusammenarbeit angewiesen ist. Der Betroffene fühlt sich dann ständig verletzt, verärgert und schließlich blockiert. Wenn ihn z.B. der Chef wieder einmal barsch anspricht, reagiert er mit einer Haltung der Rechtfertigung, Verteidigung oder Blockade und Ohnmacht. Dann ist auch die notwendige Achtung dahin und Ärger und Ohnmacht eskalieren.

Mancher macht sich später selbst Vorwürfe, dass er nicht in der Lage war, sich zu behaupten und klar seine Meinung zu sagen. In dieser Situation kann ein Mensch in ständiger Rebellion verbleiben, sich ärgern und viel Kraft verlieren, ohne dass er sein Ziel erreicht. Er leidet und kann schließlich krank werden. Doch er kann auch lernen, in seiner Mitte zu bleiben und die Ruhe zu bewahren.

Hier geben wir folgende Empfehlungen:
Machen Sie eine Pause und richten Sie sich auf. Damit gewinnen Sie wieder Ihre eigene Haltung. Sprechen Sie den Partner mit den *drei A* an: sprechen Sie ihn mit seinem Namen an – schauen Sie an – und atmen Sie einmal. Und nun kommt ein Trick:
Wenn Sie sein ärgerliches Gesicht und seine bedrohliche Haltung sehen, dann schieben Sie zwischen sich und ihn ein großes *flauschiges Herz* aus weicher Wolle und in einer freundlichen Farbe, das einen angenehmen Duft verbreitet. Das Herz ist so groß, dass Sie von dem so schwierigen Menschen nur noch die Füße sehen. Damit gewinnen Sie Distanz und es wird Ihnen gelingen, Ihre Haltung und Ihre innere Position zu wahren. Sie beginnen, ihn ohne Wertung zu betrachten und positive Energie zwischen sich aufzubauen. Dann können Sie ihn vielleicht erst in seiner Position und schließlich als Person achten.

Achtung bedeutet nicht, dass Sie alles gutheißen, was jemand tut oder sagt. Sie anerkennen ihn in seiner Position und nehmen ihn als Person wahr. Das wirkt nur, wenn Sie die ehrliche Absicht haben, ihn als Mensch anzunehmen und zu achten. Diese Achtung ist unteilbar!

Wenn Sie das noch nicht schaffen, dann üben Sie es zunächst für sich allein bis Sie es können. Vielleicht erscheint Ihnen das *Flauschherz* zu albern für eine so schwierige Situation, oder Sie finden Flauschherzen absolut unattraktiv. Dann visionieren Sie zwischen sich und der betreffenden Person eine Flasche des von Ihnen so geschätzten, teuren Whiskys. Sehen Sie seine Farbe, nehmen Sie seinen charakteristischen Geruch und Geschmack wahr und strahlen Sie schließlich Ihren schwierigen Partner an und sagen Sie ihm dann, was Sie ihm zu sagen haben. Damit kommen Sie aus dem so oft wiederholten eigenen Muster von Verletzung und Ohnmacht heraus und bleiben sicher in Ihrer Mitte. Der so Angesprochene wird verblüfft sein und muss dann seinerseits auf die gewandelte Situation reagieren. Damit entsteht eine mindestens erträgliche, vielleicht sogar fruchtbare Kommunikation.

Wenn Sie unklare, schwammige oder in sich widersprüchliche Anweisungen bekommen, dann wiederholen und übersetzen Sie sie in klare Sprache. Stellen Sie dazu klärende Fragen: „Hab ich Sie richtig verstanden? Sie wollen, dass ich den Bericht schreibe, dass ich den Auftrag mit Herrn Maier kläre und dass ich die morgige Sitzung vorbereite. Was darf ich nun zuerst tun?"

Um das Gespräch aufzulockern, können Sie ihn mit einer Würdigung persönlicher Merkmale an ihm von seinen negativen Emotionen vorübergehend ablenken: „Sie haben eine schöne neue Armbanduhr – Frisur – ein schönes Jackett ..." Dann kehren Sie in einem sachlich wohlwollenden Ton wieder zum Thema zurück. Schließen Sie mit einer Bestätigung ab: „Also, ich gehe nun zuerst an den Bericht an die Firma Riesenhuber. Den werde ich bis Mittag fertig haben."

Damit machen Sie klar, dass Sie dann nicht gleichzeitig etwas anderes tun werden. Selbst, wenn der Auftrag von dem Vorgesetzten immer noch nicht klar formuliert ist, dann tun Sie so, als ob er klar wäre. Damit können Sie sogar noch einen eigenen Entscheidungsspielraum wahrnehmen, was Sie zuerst tun wollen. – Und bedanken Sie sich am Ende für das Gespräch.

Wahre deinen Kreis

Im vorangehenden Kapitel habe ich Ihnen verraten, wie Sie sich in der konkreten Situation vor der aggressiven Haltung und entsprechenden Äußerungen eines Menschen schützen können und Ihre eigene Position bewahren. Es ist im Leben immer bedeutsam, dass Sie ein Bewusstsein von Ihrem ganz persönlichen Raum zu haben.

Manche Menschen haben ein unzureichendes Gefühl für den Raum, den sie um ihren Körper herum beanspruchen, um sich sicher und wohl zu fühlen. Jeder kennt Situationen wie z.B. im Supermarkt an der Kasse. Jemand steht so dicht hinter Ihnen, dass sie sich beengt oder bedrängt fühlen. Sie beanspruchen einen individuellen Raum für sich und wollen, dass andere, vor allem Ihnen fremde Menschen, einen gewissen Abstand zu Ihnen einhalten. Menschen, die das nicht beachten, empfinden wir als grenzüberschreitend. Das gilt auch im übertragenen Sinne, wenn jemand allzu persönliche Dinge ohne einen für uns akzeptablen Grund äußert oder solche Dinge von uns wissen will. Dafür haben die meisten Menschen eine sichere Wahrnehmung und finden von sich aus prompt die angemessene Distanz. Sie nehmen selbst Abstand oder weisen den anderen in geeigneter Form zurecht.

In übertragenen Situationen ist unsere Reaktion oft weniger klar: Ein Bekannter kommt auf mich zu und will, dass ich etwas tue oder ihm etwas abnehme. Dann kommt es schon vor, dass ich mir im Moment keine Gedanken darüber mache, ob dieses Ansinnen angemessen ist. Vielleicht nutzt er nur meine freundliche Haltung aus und übergibt mir etwas ihm Lästiges. Später erkenne ich dann möglicherweise, dass er das besser hätte selbst machen sollen. Er hat mich für etwas ihm Unangenehmes eingespannt, und ich habe damit vielleicht noch Ärger.

Ich habe nicht rechtzeitig an mich gedacht. Ich habe nicht meinen Kreis gewahrt. Manchen Menschen geschieht das immer wieder. Sie haben das Gefühl, dass sie oft in eine Falle gehen, die sie sich selbst gestellt haben. Darunter leiden sie und machen sich Selbstvorwürfe.

Wir alle haben ein unmittelbares Empfinden für unseren persönlichen Raum und die Art, wie wir ihn spüren und selbst achten. Ebenso erwarten wir von anderen Personen, dass sie unseren persönlichen Raum achten.

Dafür haben wir bei Lingva Eterna die Übung *Wahre deinen Kreis!* Wir stellen den Teilnehmer in die Mitte des Stuhlkreises und fordern ihn auf, seinen individuellen Kreis zu fühlen. Er mag dabei langsam die Arme ausbreiten und sich im Kreis drehen. Die meisten Teilnehmer geben einen Kreis von zwei bis drei Metern Durchmesser an, etwas mehr als ihre Arme reichen. Ein Teilnehmer gab einen Kreis von etwa zehn Metern Durchmesser an. Als ich ihm sagte, dass er diesen Kreis selbst *fühlen* und ihn auch *füllen* müsse, wurde er kleinlaut und fand schließlich ein rechtes Maß.

Ein anderer meinte, dass die Größe des Kreises sich danach richte, wer sich ihm nähert. Ich sagte ihm: „Das kann nicht sein! Es ist *Ihr* Kreis, und er kann nicht durch einen anderen bestimmt sein – also leisten Sie sich Ihren eigenen Kreis!"

In manchen Situationen lasse ich jemanden in meinen Kreis hinein, z.B. wenn ich jemanden umarme. Das geschieht dann im beiderseitigen Einverständnis. Es ist *mein* Kreis, an dem jemand anklopfen muss, bevor ich ihn einlasse.
Es ist wohl möglich, dass Ihr Kreis nicht immer gleich groß ist. Das hat dann mit Ihrer momentanen Situation zu tun. Manchmal brauchen Sie mehr Schutz und Sicherheit. Dann machen Sie vielleicht Ihren Kreis etwas größer, um mehr Abstand von andern zu haben. Ein anderer macht seinen Kreis enger und macht damit die Grenzen dichter. Er hat momentan nicht die Kraft, einen größeren Kreis zu füllen.

Für die Übung brauchen wir einen sichtbaren Kreis. Wir lassen den Teilnehmer seinen Kreis mit Kieselsteinen legen, die wir ihm in einem Körbchen reichen. Manche korrigieren dann noch etwas nach, bis sie sicher sind, dass es wirklich ihr Kreis ist.

Manchmal fragen wir nach der Art der Begrenzung des Kreises: „Ist es eine Rosenhecke oder eine Mauer?" Wie hoch ist sie? – Dies dient der klaren Wahrnehmung des Kreises.
Manche fühlen sich eingeladen, dazu weitere Geschichten zu erfinden und sich als schlafende Prinzessin zu sehen usw. Das führt von der aktuellen Empfindung weg und taugt nicht.

Wir bitten den Teilnehmer, die Augen zu schließen und sich ganz auf seine Wahrnehmung zu konzentrieren. Dann bitten wir einen anderen Teilnehmer, sich ihm aus einiger Entfernung zu nähern. Er hält die Augen weiterhingeschlossen und steht zunächst mit dem Gesicht zu dem auf ihn zukommenden Teilnehmer. Wir fordern ihn auf „Stopp!" zu sagen, wenn er das Gefühl hat, er sei an seinem Kreis angelangt. Er soll die Augen noch geschlossen halten und sagen, wie weit der Teilnehmer von ihm noch entfernt ist.

Manche sagen „Stopp!" noch bevor sie den Eindruck haben, dass der andere Teilnehmer ihren Kreis erreicht hat. Wir lassen sie dann die Augen öffnen und ihr Empfinden mit dem tatsächlichen Ergebnis messen. Da gibt es manche Überraschungen. Dann drehen wir die Person im Kreis um 90 Grad nach rechts und wiederholen die Prozedur und noch einmal mit einer halben und einer dreiviertel Drehung.

Was sagen uns diese Beobachtungen?

Es gibt Personen, die sehr gut empfinden, wenn jemand von vorn auf sie zukommt. Wenn jemand von hinten kommt, merken sie nichts, bis er unmittelbar hinter ihnen steht. Bei meiner Frage „Erleben Sie manchmal, dass jemand Ihnen in den Rücken fällt?" sehe ich gelegentlich große runde Augen. Seinen Kreis angemessen und sicher zu wahren, ist in vielen Situationen unseres Lebens bedeutungsvoll.

Da finden sich manchmal extreme Asymmetrien. Es gibt Personen, die schon lange bevor der sich Nähernde ihren Kreis erreicht hat, „Stopp!" sagen. Sie haben einen erhöhten Sicher-

heitsbedarf. Sie leisten sich ein „Glacis" – das war das freie
Feld um die Mauern mittelalterlicher Städte. Es diente den
Bewohnern dazu, den herannahenden Feind frühzeitig zu
erkennen und sich auf die Verteidigung einzurichten. Diese
Personen brauchen einen zusätzlichen Sicherheitsabstand. Es
sind oft gut organisierte Menschen, die frühzeitig wissen wollen, was auf sie zukommt. Manche neigen dazu, die Umwelt
stets als bedrohlich zu empfinden. Andere haben Erfahrungen
in einem tatsächlich bedrohlichen Umfeld gemacht und sind
daher besonders achtsam.

Was geben wir den Teilnehmern mit?
Bei Teilnehmern, die den Herankommenden zu spät wahrnehmen, empfehlen wir, mehr darauf zu achten, wie nahe sie
Menschen in Alltagssituationen an sich herankommen lassen,
z.B. in der Straßenbahn oder bei der Post, und wann sie ein
Gefühl dafür bekommen, dass ihnen etwas oder jemand zu
nahe kommt. Sie dürfen lernen, andere dann auch darauf hin-
zuweisen. Das hilft ihnen oft auch in den genannten übertragenen Situationen und gibt ihnen Sicherheit.

Wer spricht, wenn ich rede – und zu wem?

Wie findet Kommunikation statt und was ist dabei wichtig? Bei Lingva Eterna haben wir vieles gelernt von dem psychologischen Kommunikationsmodell der *Transaktionsanalyse (TA)* von Eric Berne. Dieses gründet sich auf den dort beschriebenen Ich-Zuständen. Danach hat jeder Mensch einen Satz von drei unterschiedlichen Ich-Zuständen: ein Eltern-Ich, ein Erwachsenen-Ich und ein Kind-Ich. Das Modell erinnert an das Ich-Es-Überich-Modell von Sigmund Freud. Dort geht es um feste Instanzen als Bereiche der Persönlichkeit. Bernes Konzept ist dagegen dynamisch, indem wir die drei Aspekte des einen eigenen Ichs variabel besetzen können.

Bernes *Strukturmodell* stellt durch die individuell bevorzugte Besetzung eines oder mehrerer dieser Ich-Zustände den Charakter eines Menschen dar.

▪ Das *Eltern-Ich (EL)* steht für Regeln, Gebote und Verbote, klare Ordnungsprinzipien, kritische und auch wohlwollende Botschaften. Kritische Botschaften beinhalten Wörter wie *müssen, sollen, das ist so* oder den Imperativ, häufig mit Negationen wie *Du darfst nicht!* Botschaften aus dem nährenden Eltern-Ich sind z.B. *dürfen* und andere beschützende, ermunternde Äußerungen.

▪ Das *Erwachsenen-Ich (ER)* repräsentiert den praktischen Umgang mit der Welt. Es antwortet auf W-Fragen: *Wie geht das? Wie lang, wie breit ist das? Wo? Seit wann ...* usw.

Es misst, vergleicht und relativiert, ohne selbst zu entscheiden. Es erscheint klug und sachlich.

Im *Kind-Ich (KI)* finden wir die Energie: Wünsche, Ideen, Spaß und Lust und ebenso Ärger, Wut und Zorn. Typische Formulierungen des *freien* Kindes sind: *Ich will das! – Ich mag nicht! – Ich bin wütend!* Das *angepasste* Kind-Ich leugnet seine eigenen Wünsche aus Angst vor Liebesentzug oder Strafe, wenn es nicht den Wünschen der Eltern folgt.

Viele von unseren hieraus abgeleiteten Einstellungen und Glaubenssätzen bleiben uns ein Leben lang erhalten und prägen unseren Charakter. Oft sind sie uns nicht bewusst. Die Autoren der TA haben dieses Modell noch weiter differenziert und Unterfunktionen innerhalb der einzelnen Ich-Zustände beschrieben. Dies erschließt noch viele interessante weitere Aspekte. Für Lingva Eterna genügt dieses einfache Modell.

Mit der gleichen Differenzierung als dynamisches *Funktionsmodell* können wir auch aktuelle Kommunikationssituationen auf einleuchtende Weise darstellen. Danach sende ich als Sprecher eine Botschaft aus einem bestimmten Ich-Zustand, z.B. aus dem kritischen Eltern-Ich an das angepasste Kind-Ich meines Gesprächspartners: „Maria, warum hast du meine Schuhe nicht geputzt?“
Maria kann dann aus dem angepassten Kind-Ich sagen: „Oh, entschuldige Martin, das habe ich ganz vergessen. Ich mache es gleich.“ Das ist eine **parallele Transaktion.** Die Angesprochene antwortet aus dem bei ihr angesprochenen Ich-Zustand

an das kritische Eltern-Ich des Sprechers, von dem die Botschaft kam.

Maria könnte auch die vorgegebene Richtung verlassen und antworten: „Martin, wir hatten uns doch geeinigt, dass jeder seine Schuhe selbst putzt."
Damit geht sie auf ihr Erwachsenen-Ich und spricht auch Martins Erwachsenen-Ich an. Das ist dann eine **gekreuzte Transaktion**. Sie antwortet auf einem anderen Kanal als dem, auf dem sie angesprochen wurde.
Wenn Maria antwortet: „Ich denke gar nicht daran. Putz deine Schuhe doch selbst!", dann könnten wir meinen, dies käme aus dem freien Kind-Ich. Das ist ein Irrtum, dem manche verfallen. Diese Reaktion ist nicht wirklich frei, sondern orientiert sich an der vorherigen Anrede und leugnet sie lediglich. Sie folgt dem vorgegebenen Thema und ist damit nicht frei.

Wieder eine andere Antwort könnte sein: „Ich weiß, dass du unfähig bist, ein Paar Schuhe zu putzen!" Das ist eine konkurrierende Botschaft aus Marias kritischem Eltern-Ich an Martins Kind-Ich.

Und hier kommen wir an die Grenzen des geschriebenen Wortes. Diese Äußerung könnte nach der Struktur des Satzes auch eine Feststellung aus dem Erwachsenen-Ich sein. Manche nach Wortwahl und Syntax scheinbar aus dem Erwachsenen-Ich kommende Botschaft kann durch eine abwertende Intonation des Sprechers in Wirklichkeit aus dem kritischen Eltern-Ich an das angepasste Kind-Ich des Hörers gerichtet sein. Was zunächst wie eine sachliche Bemerkung erscheint, erweist sich dann als kritische Anschuldigung.

Dieses Kommunikationsmodell ist für die Analyse von sprachlichen Interaktionen hilfreich und klärend, z.B. bei unseren Ansprechübungen.

Gedächtnis und Emotionen

Fragen nach dem Wesen unseres Gedächtnisses haben Philosophen und Psychologen seit jeher beschäftigt. Das Speichern von Erlebnissen, Erfahrungen und Informationen stellt eine wichtige Grundlage unseres Daseins dar. Wenn wir etwas wahrnehmen, so können wir es nur begreifen, wenn wir es richtig einordnen und in Bezug zu früheren Erfahrungen bringen. Das bedeutet, dass wir eine große Sammlung von bisherigen Erfahrungen gespeichert haben, sprachlich und auch nichtsprachlich.

Diese Sammlung von gespeichertem Material nennen wir Gedächtnis. Das Gedächtnis können wir in unterschiedliche Bereiche differenzieren, sowohl nach seiner zeitlichen als auch nach seiner inhaltlichen Struktur:

■ Kurzzeit- oder Arbeitsgedächtnis
  Das *Kurzzeitgedächtnis* oder *Arbeitsgedächtnis* brauchen wir, um z.B. auf eine Frage zu antworten. Wir können die Antwort nur formulieren, wenn wir gleichzeitig noch die Frage im Sinn haben. Wir können eine Handlung nur dann vollenden, wenn wir uns an die vorherigen Schritte noch erinnern, und wenn wir wissen, welche wir bereits erledigt haben. Die Dauer des Arbeitsgedächtnisses liegt im Bereich von Sekunden bis zwei Minuten. Es handelt sich dabei um neuroelektrische Prozesse. Das darüber hinausgehende Langzeitgedächtnis bedarf einer biochemischen Fixierung.

Episodisches Gedächtnis

Eine andere Differenzierung von Gedächtnisleistungen richtet sich darauf, ob es sich um Ereignisse handelt, die wir erlebt oder erfahren haben, oder um Fertigkeiten, die wir irgendwann erlernt haben. Im *episodischen Gedächtnis* speichern wir mit einem Ereignis meist auch den ungefähren Zeitpunkt und Ereignisse aus dem zeitlichen Umfeld: „Der herrliche Sonnenuntergang – letzten Sommer in Andalusien."

Semantisches und prozedurales Gedächtnis

Das *semantische Gedächtnis* ist ein Wissenssystem, in welchem alle von uns erworbenen Kenntnisse von unserer Welt zusammengefasst sind, unser Weltwissen. Hier wissen wir im Einzelnen nicht, wann und wo wir dessen Elemente erlernt haben, auch wenn es sich dabei um bewusste Kenntnisse handelt.

Wenn wir dagegen einen Korkenzieher zur Hand nehmen, um eine Flasche zu öffnen, so denken wir nicht darüber nach, wie das geht, und wir wissen meist nicht, wann wir dieses Wissen erworben haben. Diese Art von Gedächtnis bezeichnen wir als *prozedurales Gedächtnis*. Dazu gehören auch die sprachlichen Regeln wie die Grammatik beim Erlernen unserer Muttersprache. Beim semantischen Gedächtnis handelt es sich um „knowing what", beim prozeduralen Gedächtnis um ein „knowing how".

▓ Bewusstes Erinnern
Ein eigener Prozess ist das *bewusste Erinnern*, das heißt,
das Aktivieren von Gedächtnismaterial und Reproduzieren
des Inhalts. Es handelt sich dabei nicht nur um ein Auffin-
den von Elementen, die an verschiedenen Orten im Gehirn
niedergelegt sind, sondern um das Aktivieren eines komplexen Netzwerks, welches uns dies ermöglicht. Fällt uns
einmal ein Name partout nicht ein und ein anderer bietet
uns den Namen „Meier" an, dann wissen wir meist genau,
ob es „Meier" war oder nicht. Wir haben also keineswegs
alle Merkmale des Namens vergessen.

Die verschiedenen Gedächtnisleistungen haben auch unterschiedliche neuroanatomische Grundlagen. Es gibt im Wesentlichen drei grundlegende Strukturen im Gehirn, die mit
den Gedächtnisleistungen zu tun haben. Sie liegen in der
Tiefe des Gehirns und sind von der Hirnrinde überdeckt.

Bei positiven Inhalten oder auch angenehmen Rahmenbedin-
gungen beim Lernen werden die Wahrnehmungen und Informationen im *Hippocampus* bearbeitet, neutrale Inhalte
dagegen in der *dorsalen frontalen Hirnrinde*. Dort findet offenbar auch eine Kontrollbewertung von Lerninhalten danach
statt, ob wir sie uns im Einzelnen merken oder ob wir sie vergessen oder auch verdrängen wollen.
Der *Hippocampus* (Ammonshorn) im medialen Anteil des
Schläfenlappens ist eine auffällige Schleifenformation um die
dritte Hirnkammer herum. Er bearbeitet alle sensorischen Ein-
drücke und Sprachäußerungen, die ihm vom *Thalamus*, einer

zentralen Umschalt- und Kontrollstation, zugespielt werden. Es handelt sich dabei um eine hochkomplexe Struktur von knapp der Größe eines Hühnereis, welche ca. 60 Einzelkerne enthält.

Eine weitere Struktur, die mit dem Gedächtnis zu tun hat, ist die *Amygdala* (Mandelkern) im basalen Vorderhirn. Der Mandelkern hat enge Verbindungen zum Limbischen System und damit zu den Bereichen, welche die vegetativen und emotionalen Funktionen steuern. Hierdurch besteht ein Zusammenhang von Gedächtnis und Emotionen, auch in dem Sinne, dass die Flut von Eindrücken und Wahrnehmungen, denen wir dauernd ausgesetzt sind, einer Kontrolle und Bewertung nach ihrer Bedeutung für unser praktisches Leben unterworfen wird.

Der Mandelkern bearbeitet vor allem unangenehme Ereignisse und Erlebnisse. Durch seine engen Kontakte zu den vegetativen und emotionalen Strukturen setzt er Flucht- und Kampfreaktionen in Gang, um uns vor weiteren unangenehmen und bedrohlichen Erfahrungen zu schützen. Manche unserer kindlichen Erfahrungen sind daher mit Ängsten und vegetativen Reaktionen wie Unruhe, Schwitzen usw. gekoppelt und sie überdauern bis ins Erwachsenenalter, auch wenn die Ängste längst nicht mehr real begründet sind. Diese Koppelung geht offenbar an allen anderen Kontrollfunktionen im Gehirn vorbei und besteht als Zusammenhang von Wahrnehmung und Angstauslösung weitgehend unbewusst fort.

Die Zusammenhänge können wir durch sprachliche Mittel ins Bewusstsein heben und dann allmählich lösen. Mit Lingva

Eterna umgehen wir die schmerzhafte Bewusstwerdung über das Durchleben der archaischen Ängste. Wir lösen die unbewusste Koppelung belastender Emotionen an bestimmte sprachliche Elemente durch gezielte Wandlungen auf der sprachlichen Ebene auf. Aufkommende Emotionen sind dabei für uns nur ein Signal für vorliegende belastende Speicherungen. Die belastenden Speicherungen sind jedoch nicht unser zentrales Interesse. Auch die dahinterliegenden Ereignisse sind nicht unser Thema, wie es in der Psychotherapie häufig der Fall ist. Wir arbeiten nur auf der sprachlichen Ebene. Daher ist Lingva Eterna so außerordentlich schonend.

Der Seminarteilnehmer fühlt sich nicht bedroht und kommt daher auch nicht in Abwehr oder Widerstände. Er ist von seiner emotionalen Reaktion auf eine verbale Äußerung selbst überrascht und erkennt oft den inneren Zusammenhang nicht.

Durch Wandlungen auf der sprachlichen Ebene kommt ein nachhaltiger Prozess der Lösung von hemmenden und belastenden Speicherungen in Gang und oft ordnet sich das Leben des Betroffenen in verschiedenen Bereichen. Er findet seinen inneren Frieden, er setzt vorher gebundene Kräfte frei und nutzt sie erfolgreich für neue Aufgaben.

Speicherungen

Mit den Wörtern, die wir gebrauchen, haben wir ein ganzes Feld von Bedeutungen gespeichert. Dies ist geprägt von mehr oder weniger allgemein verbindlichen, ursprünglichen Bedeutungsinhalten und von ganz persönlichen Erlebnissen und Sinneserfahrungen, die wir mit dem jeweiligen Wort verbinden. Dies erscheint besonders bedeutsam bei der Erziehung der Kinder. Viele Kinder machen für die Entwicklung eines tragfähigen Weltbildes nicht mehr die zugrunde liegenden Sinneserfahrungen. Sie kennen die Herkunft und die Kontexte nicht mehr. Beispielsweise erleben manche Kinder die Milch nur als Tetrapak im Supermarkt. Es ist ihnen nicht mehr bewusst, dass die Milch von einer Kuh kommt, auch wenn ihnen der Begriff „Kuh" bekannt ist. Und sie wissen noch weniger, wie eine Kuh sich anfühlt und wie sie riecht. Alles ist auf kleinformatige visuelle Angebote reduziert. Auf die Frage, wie groß ein Dinosaurier sei, zeigte ein Kind etwa drei Zentimeter – so groß ist der Dino auf dem Display seines Computerspielzeugs!

Die Verarmung an Wahrnehmungsangeboten hat eine Verarmung des Gefühls, der inneren Bilder und entsprechend der Sprache zur Folge. Indem wir bei Lingva Eterna die Aufmerksamkeit der Menschen auf die Wahrnehmung lenken, bereichern wir sie mit lebendigen Bildern und Emotionen. Dies wirkt sich auch auf ihren Sprachschatz aus. Ihre Sprache gewinnt an Kraft und Farbe.

Oftmals achten wir nicht mehr auf die ursprüngliche Bedeutung der Wörter, die wir täglich gebrauchen. Manche haben negative oder aggressive und sonstige belastende Inhalte, die gar nicht der vom Sprecher beabsichtigten Aussage entsprechen. Und doch gebrauchen wir diese Worte: Der *Vorschlag* ist immer auch ein *Schlag*.

Nur, wenn wir bewusst von belastenden Dingen reden, sollen die Worte auch dem entsprechen. Entspricht der negative Sinn eines Wortes nicht unserer Absicht, dann regen wir an, ein anderes Wort zu wählen, z.B. *Empfehlung* statt *Vorschlag*. Aus dem Satz: „Ich schlage vor, dass wir miteinander essen gehen." wird dann: „Lasst uns miteinander essen gehen!" oder „Darf ich dich zum Essen einladen?" Wenn wir den *Vorschlag* durch ein anderes Wort ersetzen, dann kommen wir vielfach zu einem ganz anderen Satz. Damit wandeln wir die Aussage und oft auch unsere Einstellung.

In unserer Alltagssprache verwenden wir zum Teil Wörter mit belastetem Inhalt als Betonung oder Verstärkung bei neutralen oder erfreulichen Ereignissen. Verbreitet sind Wörter aus dem Psychiatriewortschatz: „Das war ganz toll! Irre gut! Wahnsinnig schön!" oder „Ich denke, ich werde verrückt." Wir blenden dabei die negative Bedeutung aus. Indem wir solche Wörter aussprechen, aktivieren wir sehr wohl auch deren negativen Inhalt. Bei Lingva Eterna machen wir diese Wirkung bewusst und bieten geeignete Alternativen an.

Umgekehrt betonen und stärken wir angenehme Bedeutungsanteile in unserer Rede. Wir machen sie bewusst und empfehlen, sie häufiger zu verwenden, als wir es bisher gewohnt waren. Es sind Wörter wie „günstig, erfreulich, segensreich, wunderbar, Geschenk, Glück" usw. Dazu gehören auch Wörter, die für Sinneswahrnehmungen stehen, ohne dass wir uns dessen bewusst sind. Indem wir das sinnlich Wahrnehmbare betonen, machen wir unsere Sprache lebendig. Bei *begreifen* und *erfassen* dürfen wir tatsächlich an *greifen* und *fassen* denken und die haptische Qualität spüren. Eine *bittere Erfahrung* schmeckt bitter und eine *köstliche Geschichte* schmeckt uns auch gut!

Bedeutungsinhalte im Sinne von Speicherungen sind oft individuell geprägt. „Hütte" bedeutet für den einen Urlaub in den Bergen, für den anderen ist es ein ärmlicher Schuppen hinter dem Haus. Sie haben unterschiedliche Wahrnehmungen und Bilder gespeichert, die zu unterschiedlichen Empfindungen führen. So hat ein und dasselbe Wort bei den einzelnen Menschen unterschiedliche Bedeutungen. Einen Hinweis darauf haben Sie bereits im Kapitel mit den Wortproben erhalten.

Es gibt auch kollektive Speicherungen. Wir Deutschen haben auch nach 60 Jahren Frieden seit dem Zweiten Weltkrieg noch eine kollektive und stark belastende Speicherung mit dem an sich neutralen Wort „Führer." Es wird noch lange dauern, bis wir es wieder gereinigt haben werden. Was macht das mit den Führungskräften in unserer Gesellschaft? Bei manchen gewinnen wir den Eindruck, dass sie sich vor dem Führen scheuen, sich hinter Anordnungen verkriechen und ansonsten für ihre Mitarbeiter lieber nette Kumpels sein wollen. Das verunsichert die Mitarbeiter und führt zu falschen Erwartungen und Enttäuschungen. Kollektive Speicherungen erkennen wir auch an ethnischen

Vorurteilen zu bestimmten Bevölkerungsgruppen, z.B. gelten Italiener als leichtlebig, Engländer als höflich. Polen, Preußen, Bayern, Ostfriesen usw. haben bei manchen Menschen einen bestimmten Ruf.

Solche persönlichen und kollektiven Zuordnungen schränken unsere Möglichkeiten im Umgang mit unseren Mitmenschen ein. Als Folge neigen wir vielleicht zu Reaktionen, die für unseren Erfolg wenig hilfreich sind. Solange wir gegenüber bestimmten Situationen und Menschen vorgefasste negative Erwartungen haben, werden wir wiederholt entsprechende Erfahrungen machen. Wir denken und reden sie herbei. – Wie kann ich Speicherungen wandeln?

Den Speicherungen liegen individuelle, jedoch regelhafte Verbindungen zwischen Wörtern, Bildern und Emotionen zugrunde. Solchen Koppelungen sind wir nicht zwangsläufig ausgeliefert. Wenn Speicherungen uns in unserem Leben und in unserer Entwicklung einschränken und wir dies erkennen, dann können wir sie auch wandeln. Das tun wir bei Lingva Eterna, indem wir zu einem Wort neue Bilder entwickeln, mit welchen die jeweilige Person für sie angenehme Emotionen gekoppelt hat.

Angenommen eine Frau hat mit dem Wort *kochen* nur belastende Speicherungen, z.B. dass dem Ehemann nichts schmeckt und er ständig nörgelt. Dann lassen wir bei Lingva Eterna die Person das Wort *kochen* in ihrer Vorstellung oder auf Papier von oben nach unten schreiben. Danach geben wir ihr die Aufgabe, für jeden Buchstaben ein für sie angenehmes Wort zu finden und es dahinter zu schreiben. Dann steht hinter den einzelnen Buchstaben von *kochen* möglicherweise:

*k*lug
*o*riginell
*c*harmant
*h*erzlich
*e*legant
*N*atur.

Nun lassen wir sie jedes dieser einzelnen Wörter laut sagen, mit der Nase in die Luft schreiben und mit den Augen der Bewegung ihres „Nasenpinsels" folgen. Sie empfindet gleichzeitig den angenehmen Inhalt der einzelnen Wörter und entwickelt dazu passende angenehme Bilder. Anschließend kann die Person aus den einzelnen Wörtern eine Geschichte bilden. Danach lassen wir die Übende das Wort *kochen* noch einmal deutlich und betont sagen. Oft klingt es dann ganz anders als vorher.

Manchmal bitten wir sie, das gewandelte Wort – in unserem Beispiel *kochen* – in einen für sie angenehmen Satz einzubauen. Das kann beispielsweise der folgende Satz sein: „Am kommenden Wochenende werde ich mit Freunden thailändisch kochen." Meist folgt dann ein spontaner Kommentar: „Ach, wie schön das klingt!"

Resonanz

Als Resonanz werden in der Physik Vorgänge bezeichnet, bei denen ein schwingungsfähiges System mit seiner Eigenfrequenz durch Energiezufuhr angeregt wird. Der Energieübertrag ist so hoch, dass bei genügender Dauer der wiederholten Energiezufuhr die Amplitude des angeregten Systems auf ein Vielfaches seiner Eigenamplitude ansteigen kann. Dies kann durch Aufschauklung bis zur Zerstörung des Systems führen. Das physikalische Phänomen der Resonanz kennen die meisten Menschen aus der Musik. Eine klingende Saite eines Instrumentes kann eine andere, nicht angeschlagene Saite mit zum Klingen bringen, wenn sie auf die gleiche Frequenz gestimmt ist. Dies kann sich auch auf Obertöne mit dem Vielfachen der angeschlagenen Grundfrequenz erstrecken. Resonanz leitet sich ab vom lateinischen „re-sonare." Das bedeutet wörtlich „wiederklingen."

Im übertragenen Sinn finden wir den Begriff der Resonanz auch im psychologischen Kontext. Wenn jemand von den emotionalen Bewegungen einer anderen Person mit erfasst wird, dann sagen wir: Er geht mit den Emotionen dieser Person in Resonanz. Hier trifft eine emotionale Energie auf psychische Bereiche einer Person, die den gleichen Eigenrhythmus aufweisen. Wir sagen manchmal von der emotional mitschwingenden Person, dass sie ähnlich „tickt" wie die, von der die emotionale Anregung ausging. Psychologische Resonanz betrifft immer den emotionalen Bereich unseres Denkens und Erlebens. Wir fühlen uns berührt von manchen emotio-

123

nalen Äußerungen oder auch von Umständen, die mit großem Leid einhergehen. Diese treffen bei uns auf eigene Emotionen, Erlebnisse und Erfahrungen. Und das geschieht unbewusst, sodass wir unsere Reaktion primär nicht steuern können. Oft gelingt es uns, unsere Reaktion dann wieder in den Griff zu bekommen. Es ist wichtig, unsere Resonanz als ein passives Phänomen zu begreifen. Wir werden berührt, wir werden ergriffen und wir werden angeregt und in Resonanz gebracht. Das entspricht ganz und gar dem ursprünglichen physikalischen Prinzip.

Der Begriff der Resonanz wird neuerlich in der Entwicklung des Neurolinguistischen Programmierens (NLP) in einer durchaus aktiven Bedeutung benutzt und in Seminaren als *Resonanzmethode* angeboten. Wenn jemand das Phänomen der Resonanz bewusst als Mittel einsetzt, so erreicht das den Teilnehmer auf einer unbewussten Ebene und ist damit für ihn nicht steuerbar. Von Seiten des Trainers ist es manipulativ – gleich, ob die Absicht gut oder schlecht ist. Das mag von ihm anders gemeint sein, und dennoch halten wir dieses Vorgehen für gefährlich. Manchmal ist es sinnvoll, auch das zu sehen, was jemand schlimmstenfalls aus unseren Worten machen kann. Lassen Sie uns darauf achten, dass unsere Worte auch im Sturm bestehen.

Bei Lingva Eterna erleben wir bei Teilnehmern oftmals unerwartete Resonanzen auf unsere Worte. Schon bei den einfachen Wortproben treffen wir auf manche überraschende Speicherung und sehen entsprechende emotionale Reaktionen.

Mit dem Prinzip, ein Wort zweimal sagen zu lassen, wollen wir erreichen, dass die Teilnehmer beim zweiten Mal die Worte „fühlen" mit allen Bedeutungen und semantischen und emotionalen Anteilen. Hier rechnen wir auch mit Resonanzen bei den Teilnehmern und fördern damit das Erleben der eigenen Speicherungen. Dabei kommen auch belastende Emotionen zutage, nur ist das nicht unsere primäre Absicht. Wir gehen dann nicht in die dahinterliegenden Konflikte, sondern führen schonend aus der belastenden Emotion heraus. Wir deuten freilich an, dass wir es sehr wohl erkennen, wenn es dahinter schlimme Erlebnisse und Geschichten gibt. Daran können wir dann mit anderen Übungen, z.B. einer Dialogübung arbeiten. Wir tun das am besten zu einem späteren Zeitpunkt, wenn der Teilnehmer nicht mehr den aktuellen Emotionen ausgeliefert und für eine lösungsorientierte Neuentscheidung bereit ist.

Verborgene Geschichten

Manche Wörter und die entsprechenden sprachlichen Bilder haben über metaphorische Bedeutungen unerwartete Verbindungen zu scheinbar ganz anderen persönlichen Themen. Manchmal sind es unbewusste Kontaktbrücken zu anderen Personen, z.B. aus unserer Herkunftsfamilie. Diese können damit Einfluss auf unser Leben haben. Sie bewirken, dass wir irgendetwas vage empfinden – und auch danach handeln. Wir können solches Erleben oft nicht entschlüsseln und empfinden es als fremd. Deshalb stellen wir es in eine hintere Ecke unseres Bewusstseins und beachten es nicht. Sie mögen das vielleicht als Verdrängung bezeichnen.

Meist sind es Geschichten von Personen, die ihr Leben nicht erfüllt haben, die etwas nicht erreicht haben, weil ihr Leben vorzeitig beendet wurde, oder die etwas Bedeutendes verloren haben und nie über diesen Verlust hinweg gekommen sind. Die Welt ist voll von nicht zu Ende gebrachten, noch offenen Lebensgeschichten verstorbener Personen. Denken wir nur an die zahllosen jungen Männer, die im Krieg ihr Leben ließen, Frauen, deren Männer nicht zurückkamen, Menschen, die in Lagern oder durch Bomben starben, bevor sie ihr Leben und ihre Bestimmung erfüllen konnten – und solche, die ihre Heimat verloren haben.

Wir begegnen in unseren Seminaren immer wieder Menschen, die etwas von dem nicht gelebten Leben naher Verwandter austragen, ohne es bewusst zu erkennen. Mancher erkennt eines Tages, dass er genau den Beruf gewählt hat, den der

Vater so gerne erlernt hätte und nicht erlernen konnte oder durfte. Solange sie das nicht erkennen und sich damit befassen können, leben sie ein anderes Leben mit. Das belastet ihr eigenes Leben, ohne dass sie es bewusst wahrnehmen, wie eine seelische Hypothek.

Wir helfen solchen Menschen, sich die Verbindung mit der anderen Person bewusst zu machen, diese Person zu würdigen und sich von dem zu lösen, was nicht zu ihnen gehört. Der achtsame Umgang mit dem Wortschatz leitet uns dabei.

In unserer Sprache verraten sich solche Geschichten durch bestimmte Schlüsselwörter. Wir werden manchmal aufmerksam bei Wörtern in der Rede eines Teilnehmers, die nicht recht zur Situation passen, unerwartet oder gehäuft auftreten. Wir spüren, dass das Wort für den Teilnehmer eine Bedeutung hat, die über den unmittelbaren Kontext hinausgeht, und die sich uns nicht einfach erschließen. Das sind oft Schlüsselwörter, die als Metaphern zu einer solchen Geschichte führen. Diese erweiterte Bedeutung ist dem Teilnehmer ganz oder teilweise unbewusst. Das gewählte Wort steht dann mit dem aktuellen Kontext in keinem offensichtlichen Zusammenhang. Ein solcher wird manchmal über den direkten Wortsinn oder über Ähnlichkeiten in der Lautierung erkennbar. Dazu gebe ich im Folgenden einige Beispiele:

- „Auffallend – auf jeden Fall – einfallen" können ein Hinweis sein auf Gefallene in der Familie, Anfallserkrankungen (alte Bezeichnung: Fallsucht) oder auf Depressionen in der Familie.

Eine Mutter sprach von ihrem Sohn als einem „zwanghaft zerstreuten Jungen". Das ist eine recht ungewöhnliche Beschreibung für einen Jugendlichen. Es stellte sich heraus, dass die Familie seiner Großmutter auf der Flucht aus Ostpreußen *zwangsweise* auf verschiedene Trecks *zerstreut* wurde. Aus Trauer über den Verlust der Heimat und aus Scham über die schrecklichen Erlebnisse hatte sie nie davon gesprochen. Sie hatte das Erlebte nicht aufgearbeitet.

Es wirkte in der Familie als unabgeschlossene Geschichte im Verborgenen weiter und tauchte bei dem Enkel in metaphorischer Form wieder auf. Wir empfahlen der Mutter, sie möge ihrem Sohn viel von Ostpreußen erzählen und ihn zu Verwandten bringen, die noch Zeitzeugen waren. Sie könnten schöne und alltägliche Dinge aus der alten Heimat erzählen. Schließlich fuhr die Mutter mit dem Jungen nach Ostpreußen und sie fanden das Haus, in dem die Großmutter bis zur Flucht gelebt hatte. Danach beruhigte sich der Junge, er wurde deutlich geordneter und seine Leistungen in der Schule wurden erheblich besser.

Eine Frau, die als Kind einmal fast ertrunken war, berichtete, dass sie im Kampfsport den „Wider-Stand" suchte. Den *Widerstand suchen* ist eine merkwürdige Umschreibung! Es war ihre Form, nach diesem frühen, mit Angst besetzten Erlebnis wieder den Boden unter ihren Füßen zu spüren und sich sicher zu fühlen.

■ Ein Sachbearbeiter in einer Firma sah „kein Land mehr" bei der Arbeit – sein Onkel war auf der Flucht beim Überqueren eines Flusses ertrunken. Er konnte nicht schwimmen. Die genannte Formulierung ist eigenartig für einen Mann, der weit entfernt vom Meer mitten in Deutschland lebt.

■ Eine Teilnehmerin sprach immer wieder vom „Rivalisieren" und hielt inne, als sie bei einem Versprecher „Revalisieren" sagte. Sie hatte das sichere Gefühl, dass dies für sie eine Bedeutung habe, und fand dann heraus, dass ihre Familie ihre Wurzeln in Reval (dem heutigen Tallin) hatte.

Der gehäufte oder unangemessene oder sonst auffällige Gebrauch von bestimmten Wörtern kann ein Hinweis auf Schlüsselwörter sein, die als individuelle Speicherungen auf ganz unerwartete systemische Zusammenhänge hinführen. Wenn wir diese erkennen, lassen sich die dahinter liegenden Geschichten oft aufschlüsseln. Das entlastet den Betroffenen und zeigt ihm neue Wege auf.

Unser Lebensplan

Wir leben unser Leben nicht spontan in den Tag hinein, sondern nach einem mehr oder weniger festgelegten Plan, den wir selbst frühzeitig entworfen haben und nach dem wir weitgehend unbewusst unser Leben gestalten. Eric Berne hat dies unter der Bezeichnung *Lebensskript* in seiner Lehre von der Transaktionsanalyse (TA) ausführlich dargestellt. Diesen Begriff und seine Bedeutung haben wir für Lingva Eterna aufgegriffen. Die Skripttheorie ist Grundlage für die Kerninterventionen, deshalb stelle ich sie hier ausführlich dar.

Das Lebensskript besteht aus einer Sammlung von Beobachtungen und weitreichenden Entscheidungen über sich selbst, die anderen Menschen und die Welt im Ganzen.
Danach richten wir unser Leben ein und schreiben dazu unsere eigene Geschichte. Wir beginnen damit schon im frühen Kindesalter, und zwar dann, wenn sich die primäre Symbiose von Mutter und Kind auflöst und wir anfangen, uns selbst als etwas Eigenes zu erfahren und zu erleben. Mit dem sechsten oder siebten Lebensjahr haben wir unseren Lebensplan in wesentlichen Zügen entwickelt.

Dabei erkennen wir unsere eigene Unfähigkeit, unser Leben selbst in die Hand zu nehmen, und erfahren das als vitale Bedrohung. Wir sind ganz und gar abhängig von den Eltern oder anderen Erziehungspersonen und wir können ohne ihre Hilfe nicht überleben. So achten wir schon frühzeitig darauf, was die Eltern von uns erwarten, um ihre Wünsche – oder

auch das, was wir glauben, dass es ihre Wünsche an uns seien
– erfüllen zu können. Das prägt wesentlich die Ausrichtung
unseres Skripts.

Bei der Entwicklung unseres Skripts nehmen wir von klein
auf wertende Botschaften aus unserer Umgebung auf – von
unseren Eltern oder von sonstigen Erziehungspersonen. Aus
diesen Botschaften leiten wir weitreichende Entscheidungen
für unser Leben ab. Es sind anfangs noch überwiegend non-
verbale Botschaften, und wir sind in diesem Entwicklungsal-
ter noch kaum der Sprache mächtig. Wir nehmen diese
Botschaften auch nicht bewusst auf, und sie sind auch unserem späteren Bewusstsein nicht zugänglich. In diesem Alter
sind Wahrnehmungen noch eng an körperliche Empfindungen
gekoppelt und kaum in einem Bewusstsein, wie wir es erst
später entwickeln. In dem von uns verfassten eigenen Lebensskript sind unsere Grundansichten über uns selbst, über die
anderen Menschen und die Welt als unseren Lebensraum niedergelegt.

Aus der vitalen Abhängigkeit und Lebensangst heraus inter-
pretiert das Kind manche Botschaften und Hinweise der Eltern
als bedrohlich oder gar vernichtend und reagiert mit diffuser
Angst. Was es in diesem Alter mitbekommt, ist vor allem der
emotionale Anteil solcher Botschaften – gerade dann, wenn
sie kritisch oder ablehnend sind. Die Eltern haben die für das
Kind belastenden Botschaften kaum jemals wörtlich so gesagt, wie sie die Verfasser der Transaktionsanalyse formuliert
haben – allenfalls vage geäußert. Oft sollten sie dem Schutz

dienen und kamen aus einem Gefühl der Sorge der Eltern um das Kind. Manchmal dienen sie auch der Bewältigung der eigenen inneren Ängste der Eltern.

Diese kritischen Botschaften belasten die Menschen manchmal ein ganzes Leben lang, auch wenn sie sie nicht bewusst wahrnehmen. Sie erkennen die einschränkende Wirkung auf ihr Leben oft daran, dass sie immer wieder bestimmte Dinge tun, von denen sie längst wissen, dass sie ihnen nichts nützen, sondern eher schaden.

Die Transaktionsanalytiker haben diese belastenden Botschaften in zwölf *Bannbotschaften* zusammengefasst. Sie alle sind als Verbote formuliert und sie sind alle mit einer Negation behaftet. Dies sind einige Beispiele der Bannbotschaften: „Sei nicht!" – „Sei nicht du selbst!" – „ Sei nicht wichtig!" – „Schaffs nicht!" – „Sei kein Kind!" – „Fühl nicht!" usw.

Wir alle haben solche unser Leben belastenden Botschaften mitbekommen. Sie liegen weit zurück in unserer Vergangenheit und wir wissen meist nicht mehr, wann und in welchem Zusammenhang wir sie bekommen haben.

Es gibt noch eine andere Art von Botschaften, die in der TA als *Antreiber* oder auch als *Wegweiser* bezeichnet werden. Sie stellen Überlebensbotschaften für das Kind dar, die ihm ein Leben nur mit ständigen Auflagen und Einschränkungen gewähren. Sie drücken sich in bedingten Zuwendungen aus: „Du bist uns willkommen, wir akzeptieren dich, wenn du dies und das tust." Solche Antreiber sind: „Beeil dich!" – „Sei stark!" – „Streng dich an!" – „Sei gefällig!"

Dies sind Botschaften, die wir erst später aufnehmen als die ursprünglichen Bannbotschaften. Manche Menschen können sich noch an solche Antreiber erinnern. Sie sind also unserem Bewusstsein zumindest teilweise zugänglich.

Aus vielfältigen Kombinationen beider Arten von Botschaften macht das Kind für sich eine Art von kleinen Geschichten, die für sein kindliches Erleben stehen. Dies kann so klingen: „Du bist akzeptiert, wenn du schön auf deine kleine Schwester aufpasst und dich nie beklagst (auch, wenn das kleine Biest dich ständig piesackt und dich bei den Eltern anschwärzt)." – „Erika, du darfst bleiben, wenn du schön ruhig bist und den Papa nicht störst. Er hätte so gerne einen Jungen gehabt, der die Firma weiterführt." – „Du darfst hier auch spielen, wenn du alles in Ordnung hältst und keinen Lärm machst. Wir haben zu arbeiten – also halt die Klappe und spiel schön!"

Solche Situationen und jede auch nur unbewusste Äußerung der daraus resultierenden inneren Einstellung begleiten die Person weiter in ihrem Leben. Sie belasten sie und schränken sie in vielfältiger Weise ein. Sie lassen sie nicht in ihre Kraft kommen und stehen ihrer freien Entwicklung entgegen.

Lingva Eterna will die freie, friedvolle und achtungsvolle Entfaltung der Menschen fördern. Dafür haben wir mit den *Kerninterventionen* ein äußerst wirksames Instrument geschaffen, mit dem wir diesen belastenden Botschaften entgegenwirken und sie auflösen können.

Die Kernintervention

Kerninterventionen richten sich an den Persönlichkeitskern eines Menschen. Sie sollen den dort niedergelegten belastenden Bannbotschaften entgegenwirken und sie durch entsprechende Erlaubnisbotschaften auflösen. Es geht dabei um existenzielle Fragen der Selbsteinschätzung und der Achtung vor sich selbst und anderen Geschöpfen.

Eine Kernintervention wenden wir bei Lingva Eterna nur an, wenn dafür bei dem Teilnehmer ein Bedarf gegeben ist. Diesen Bedarf müssen wir auch für die Gruppe erkennbar machen, denn wir brauchen die Hilfe und Mitarbeit eines jeden Einzelnen in der Runde.

Oft finde ich in der Sprache eines Teilnehmers Hinweise auf solche Botschaften und auf die Art der Belastungen. So gelingt es mir meist, eine geeignete Person zu finden. Ich deute die Vorgehensweise an und frage, ob sie bereit ist für eine Kernintervention.

Nach der Einführung zum Lebensskript in der Runde spreche ich die ausgewählte Person an. Dann habe ich meist schon eine Idee, welche belastenden Botschaften sie in sich hat, und formuliere für sie vor, wie sie lauten könnten. Ich frage immer wieder, ob sie so etwas aus ihrer Kindheit kennt. Oft variiere ich die Formulierung etwas und auf einmal öffnet sich die Miene der befragten Person und sie sagt: „Ja, das kenne ich!" und ihr kommen auch Äußerungen in den Sinn, die sie in der frühen Kindheit gehört hatte. Manchmal korrigiert sie noch ein wenig und dann ist auf einmal ganz klar, dass wir an der richtigen Stelle sind. Die Mimik zeigt es deutlich und es ist in diesem Moment eher ein Lächeln als eine Traurigkeit oder Wut. Es ist das Glück der rechten Erkenntnis.

Dann locke ich sie aus der einengenden und doch auch schützenden Deckung ihres Skripts. Hierbei erlaube ich mir, ohne Ankündigung zum Du über zu gehen. Jetzt spreche ich zu dem inneren Kind: „Wir wollen dir jetzt gern alle etwas Wohltuendes sagen. Was willst du von uns hören? – Was hättest du *damals* gern gehört, als du noch ein kleines Kind warst? – Was wünschtest du dir so sehnlich?" Dann kommt oft eine große Traurigkeit auf und die angesprochene Person beginnt ganz kleinlaut zu sprechen. Dann helfe ich ihr: „Du willst laut sein dürfen – du willst mit deinen weißen Schühchen in die Dreckpfütze springen – du willst mit den Schmuddelkindern spielen dürfen. Die waren immer so lustig!" Ich probiere solange, bis es wirklich passt. In Ermangelung eines geeigneten deutschen Ausdrucks nenne ich das *shaping*, das heißt so viel wie „Ausformung."

Daraus forme ich mit ihr eine Entlastungsbotschaft. Die Gruppe verfolgt den Prozess mit wohlwollender Neugier. Die Entlastungsbotschaft soll kurz sein und nur wenige Elemente enthalten, die in die gleiche Richtung gehen. Diese wenigen Sätze schreiben wir auf eine Karte und lesen Sie nacheinander der angesprochenen Person vor.

Wenn wir dann eine gute Entlastungsbotschaft gefunden haben, kommt noch ein wichtiger Zusatz: „Und du bist in Sicherheit!"

Mit der neuen Botschaft habe ich den Angesprochenen aus dem Schneckenhaus seines Skripts herausgelockt. Es hat ihn eingeengt und ihn daran gehindert, in seine volle Lebenskraft zu kommen, doch es hat ihm auch Schutz gewährt. Da draußen ist es zugig, kalt und bedrohlich. Er empfindet sich außerhalb des gewohnten Skripts als schutzlos und die archaische Vernichtungsangst überfällt ihn wieder, gegen alle neue Erkenntnis. Und so fügen wir den beruhigenden Satz hinzu: „Und du bist in Sicherheit!", um diese Bedrohung abzuhalten.

Zunächst sage ich diese Sätze dem Angesprochenen. Danach reiche ich die Karte mit dem Text weiter an all die anderen Teilnehmer. Manchmal geht die Botschaft einer anderen Person in der Runde so nahe, dass sie nicht in der Lage ist, diese Worte selbst auszusprechen. Sie geht zu stark in Resonanz. Dann darf sie die Karte einfach weiterreichen.

Am Ende lasse ich die angesprochene Person aufstehen und die auflösende Botschaft selbst in Ich-Form sagen, zum Beispiel: „Ich bin Martina! Ich darf meinen eigenen Weg gehen und damit Erfolg haben. Und ich bin in Sicherheit!"

Eine einzige Kernintervention wird vielleicht nicht alle Probleme eines Menschen lösen, und das ist auch nicht zu erwarten. In den späteren Kommentaren nach der Sequenz kommen von den Teilnehmern manche Hinweise auf eine andere Richtung, in die ich bei meiner Intervention auch hättegehen können. Das ist gut für ein anderes Mal.

Eine solche Kernintervention ist immer wieder ein großes Ereignis für alle. Danach sollte eine Pause sein. Die Durchführung einer Kernintervention erfordert viel Flexibilität, Kenntnisse aus der Skripttheorie der Transaktionsanalyse und psychologische Erfahrung möglichst aus dem therapeutischen Bereich. Gänzlich abwegig ist die Idee eines Trainers, der einige wenige Lingva Eterna Seminare besucht hatte. Er arbeitete ein Papier aus, mit dem seine Klienten sich den Text einer Kernintervention als Selbstaffirmation immer wieder vorsprechen sollten. Dabei setzte er die Entlastungsbotschaften gegen die Antreiber ein und nicht gegen die Bannbotschaften. Beide habe ich im Kapitel „Unser Lebensplan" bereits genauer dargestellt.

Die Antreiber sind die Wegweiser, wie wir mit den belastenden Bannbotschaften zurechtkommen können. Freilich sind oft auch sie eine Belastung, doch wenn wir sie auflösen, dann ist der Klient gänzlich schutzlos den Bannbotschaften seines Skripts ausgeliefert. Das kann gravierende psychische Folgen haben.

Es gibt so viele falsche Propheten – und die meisten wollen etwas Gutes.

Eine Kernintervention in den Bergen

Bei einem denkwürdigen Seminar in der Schweiz führte ich eine Kernintervention mit Dorothea durch: „Du bist in Ordnung! Du darfst es dir gut gehen lassen usw. Und du bist in Sicherheit!" Die große Runde machte bereitwillig mit und jeder sprach den Text. Darunter war Theresa, eine ältere Dame von jugendlicher Ausstrahlung, gleichermaßen dynamisch lebhaft und bedacht. Es stellte sich heraus, dass sie eine in der ganzen Schweiz bekannte Rundfunk- und Fernsehsprecherin war. Ihre angenehme und klare Stimme war seit über 30 Jahren in der ganzen Nation und vor allem den Kindern vertraut. Als Theresa die Worte der Kernintervention sprach, war Dorothea zutiefst ergriffen und bat Theresa, sie möge die Worte noch einmal für sie sprechen. Das tat sie gern. Dies war eine wirkliche Sternstunde!

Wir lassen den Text der Kernintervention von allen in der Runde wiederholen, um belastende Botschaften aus der Kindheit aufzulösen. Und wir hoffen, dass wir damit das innere Kind erreichen. Hier sprach aus Theresa eine Stimme, die Dorothea aus ihrer Kindheit vom Radio und Fernsehen kannte. Ihr inneres Kind erkannte diese Stimme von damals wieder. Sie sprach nun wirklich zu ihr mit genau den liebevollen Worten, die Dorothea in ihrer Kindheit so gerne gehört hätte. Die Botschaft der Kernintervention sprach sie los von den frühen belastenden Botschaften. Hier setzte die Korrektur dort an, wo die belastenden Botschaften früher einmal gespeichert wurden.

Diese eine Stimme war mehr als die ganze übrige Runde aus der aktuellen Situation heraus anbieten konnte. Dorothea strahlte vor Glück und ihre Seele war merklich erleichtert. Wir alle waren tief ergriffen. Ich habe Dorothea seitdem mehrmals wiedergesehen. Sie hat sich zu einer souveränen und selbstbewussten Frau mit einer angenehmen Ausstrahlung entwickelt.

Die Achtung und die Würde sind nicht teilbar

Achtung ist eine Grundhaltung, die den Kontakt zu anderen Menschen erleichtert, die Zusammenarbeit fördert und unseren Erfolg im Leben begünstigt. Achtung ist eine Einstellung und Würde ist die Eigenschaft von Menschen, denen wir unsere Achtung in besonderer Weise entgegenbringen.

Das deutsche Grundgesetz sagt im Artikel 1: „Die Würde des Menschen ist unantastbar."
Ich begleitete einmal einen Betrieb, dessen Mitarbeiter untereinander stark zerstrittenen waren. Die Zusammenarbeit war erheblich belastet und das Ergebnis der Arbeit litt merklich darunter. Dies hatte bereits zu deutlichen finanziellen Defiziten geführt, und die Lage war äußerst kritisch.
Anfangs war es mir noch unmöglich, ein gemeinsames Gespräch mit den etwa fünfzehn Mitarbeitern und ihrem Leiter zu führen. Nach einer Anzahl von Einzelgesprächen gelang es mir und meiner erfahrenen Kollegin, alle wichtigen Personen zusammenzubringen, um das weitere Vorgehen zu besprechen. Im Verlauf dieses Treffens sprach ich gezielt einen Mitarbeiter an und fragte ihn, ob er seinen im Raum befindlichen Chef achte. Er zögerte eine Weile und sagte dann: „Manchmal!" Alle waren jetzt neugierig, wie es jetzt wohl weitergehen würde.
Ich sagte nach einer kurzen Pause: „Manchmal? – Sehen Sie, Herr M., das ist nicht möglich. Entweder Sie haben Achtung

oder Sie haben keine Achtung vor Ihrem Chef. *Achtung ist unteilbar!*"

Darauf kam Bewegung in die vorher so starre Gruppe. „Ja, muss ich denn alles gutheißen, was mein Chef macht? Darf ich denn keine eigene Meinung haben?" – Oh nein, er musste keineswegs alles gutheißen, was sein Chef tut. Doch dieser verdient von seinem Mitarbeiter geachtet zu werden, als Mensch und auch in der Rolle des Chefs. Auch der Mitarbeiter darf von seinem Chef erwarten, dass er ihn grundsätzlich achtet.
Dieser offene Diskurs leitete eine Wende in der Zusammenarbeit ein. Bald danach begann die Vorweihnachtszeit, die stets mit erhöhten Anforderungen und großem Druck für alle Mitarbeiter einherging. Alle waren zu vollem Engagement bereit und nach einem halben Jahr hatte der Betrieb nicht nur das Defizit wieder aufgeholt, sondern machte gute Gewinne.

Hier geht es um *Achtung* und um *achten*. Wie achte ich einen Menschen, wenn ich seine Handlungen berechtigterweise kritisiere? Was kann ich dann noch an ihm achten? Ich sagte oben, wir achten ihn als Menschen und in seiner Rolle als Vorgesetzten. Welche Eigenschaften achten wir an ihm?
Es ist die Würde des Menschen, wie sie im deutschen Grundgesetz festgelegt ist. Jeder Mensch ist mit Würde ausgestattet und diese gilt es zu schützen. Diesen Schutz gewähren wir mit unserer Achtung.

Wir fragen in unseren Seminaren gern, wer das Wort *Würde* in seinem aktiven Wortschatz hat. Dabei hören wir oft, dass die

Teilnehmer *würde* nur in der kleingeschriebenen Form, also im Konjunktiv verwenden. Darauf bin ich im entsprechenden Kapitel eingegangen. Das Wort *Achtung* verwenden viele Menschen nur bei akuten Gefahren als „Achtung! Achtung!" Dafür ist das Wort *Respekt* manchenorts in Mode gekommen. Das heißt auf Deutsch *Rücksicht*. Da ist mir das deutsche Wort *Achtung* als etwas aktiv Vorausschauendes lieber.

Von dem Wort *Würde* leitet sich auch die *Würdigung* ab für die gezielt zum *Ausdruck* gebrachte Achtung gegenüber einer anderen Person.
Als *Würdigungsarbeit* bezeichnen wir eine Intervention zur Achtung und Anerkennung einer Person. Es genügt nicht, diese Achtung für jemanden zu empfinden, es ist bedeutsam, sie auch einmal gegenüber dieser Person auszusprechen. Wir haben dafür aus der Arbeit Bert Hellingers wesentliche Anregungen gewonnen.

Hellinger betont, dass jedes Mitglied in der Familie – er spricht dabei von Sippe – oder einer anderen Gemeinschaft ein Recht auf Zugehörigkeit und damit auf seinen festen Platz im System hat. Diese Ordnung gilt es zu beachten und bei Bedarf wieder herzustellen. Im Rahmen der Aufstellungsarbeit hat er als ein wesentliches Element die Würdigung der Eltern und danach auch anderer Personen entwickelt.
Diese Würdigung haben wir als Ritual von Bert Hellinger übernommen. Wir empfehlen die Würdigungsarbeit, wenn jemand gegenüber einer Person seine Dankbarkeit ausdrücken oder sich mit ihr aussöhnen will. Eine Schlüsselrolle nimmt

dabei die Würdigung der Eltern ein, auf die ich im nächsten Kapitel eingehen werde. Wir üben bei Lingva Eterna die Würdigung einer genannten Person modellhaft in der Gruppe. Wir gehen einen Schritt weiter, indem wir dem Teilnehmer nahe legen, diese Würdigung der betreffenden Person gegenüber zeitnah auch *direkt* auszudrücken. Die entlastende Wirkung für ihn wird damit noch viel deutlicher.

Eine Würdigungsarbeit empfehlen wir auch bei schwierigen Situationen am Arbeitsplatz: Ein gewissenhafter Mitarbeiter einer Firma hat einen für ihn unangenehmen Vorgesetzten, der ihn ständig kritisiert und schikaniert oder der ihm unklare Anweisungen gibt und danach behauptet, er boykottiere die Arbeit. Wir raten ihm, er möge von sich aus seinen Vorgesetzten mit den *drei A* (anschauen, mit Namen anreden und einen Atemzug abwarten) und mit folgenden Worten ansprechen: „Herr Meier, ich mag Ihnen heute Dank sagen. Ich arbeite nun schon ein ganzes Jahr bei Ihnen. Ich achte Sie als meinen Chef. (Pause!) Ich danke Ihnen für alles, was ich bei Ihnen lernen durfte und weiter lernen darf. Ich will meine Arbeit in Ihrem Sinn und so umgehend wie möglich erledigen. Darauf können Sie zählen. Ich danke Ihnen. Das war schon alles, was ich Ihnen sagen wollte. Ich gehe jetzt wieder an meine Arbeit. Ich wünsche Ihnen einen guten Tag, Herr Meier!"

Mancher Teilnehmer mit einer solchen Problematik glaubt, es werde ihm zu schwerfallen, ein solches Ritual in seiner Situation tatsächlich durchzuführen. Dann üben wir die Sequenz mit ihm im Rollenspiel und fragen ihn dann, wann er dies in der realen Situation mit seinem Chef tun werde. Es ist sinnvoll, es zeitnah zu machen, solange das Erlebnis in der Übungssituation noch frisch ist und die Anregungen und Bestärkung aus der Gruppe ihm noch Kraft geben.

Wir freuen uns auf die begeisterten Anrufe meist schon nach wenigen Tagen: „Ich hab's gemacht! Die Wirkung ist dramatisch. Ich habe zum ersten Mal den Eindruck, dass mich mein Chef ernstnimmt. Er drängelt nicht mehr, er brüllt nicht mehr. Die Arbeit macht auf einmal wieder Freude! Heute hat er mich gefragt, wie es mir geht. Das hat er noch nie getan."

Diese Wandlung am Arbeitsplatz hält meist an und es kommt auf einmal noch viel mehr in Bewegung und der Weg wird frei für Neues. Gerade unselige Konstellationen bewirken oft eine hohe Affinität der Betroffenen zueinander und binden dadurch viel Energie. Die können sie nun für eine neue persönliche Entwicklung nutzen.

Würdigungen dieser Art sind auch hilfreich bei Trennungen im privaten Bereich. Nach einer Zeit des gegenseitigen Aufrechnens, des Vorwerfens und Nachtragens und der Pflege der eigenen Wunden nach all den Verletzungen kommt doch eine Wehmut auf. Die Erinnerung an die glühenden Empfindungen füreinander in früheren Zeiten erwacht wieder. Soll das alles verlorene Lebenszeit sein? Die Partner sehen jetzt die wirklichen Gründe für die Trennung, und es besteht auf einmal das Bedürfnis, alles an seinen rechten Platz zu rücken. Es hilft nicht weiter, die Vergangenheit zu verfluchen, zu verdammen und zu bedauern. Dann ist es Zeit für eine Würdigungsarbeit!

Und so kann sie klingen: „Maria, ich danke dir für unsere gemeinsamen Jahre, für unsere wunderbaren Kinder und alles, was du mir geschenkt hast. Ich nehme es dankbar an und halte es in Ehren. Was für mich schwer und belastend war, lasse ich vergangen sein. Ich bitte, dass auch du hinter dir lässt, was ich dir an Unrecht getan habe, und alles, was dich belastet. Geh deinen Weg in Frieden, so wie ich meinen Weg in Frieden gehen will. Segen möge dich begleiten!"

Auch ein Chef, der in Ruhestand geht, kann sich von seinen Mitarbeitern mit einer Würdigung der langjährigen Zusammenarbeit verabschieden. Das ist eine edle Art, eine Lebensphase zu einem guten Abschluss zu bringen und dabei den Weggefährten noch etwas von sich selbst mitzugeben.

> Würdigungen eignen sich für viele Gelegenheiten. Sie kosten nichts außer etwas Aufmerksamkeit, die grundsätzliche Achtung der Angesprochenen, ein ehrliches Gefühl der Dankbarkeit und den Mut, dies alles auszusprechen. Und das ist wirklich viel, manchmal mehr, als einer aufzubringen vermag.

Wo wären wir ohne unsere Eltern?

Eine Grundbedingung für unser individuelles Dasein sind unsere Eltern. Ohne sie wären wir nicht vorhanden. Über deren Eltern sind wir mit einer für uns unübersehbaren Kette von Vorfahren verbunden, ohne die wir nicht wären. Sie sind alle unsere Wurzeln.

Die Würdigung der Eltern hat wichtige Auswirkungen auf das Leben eines Menschen. Wiederholte Schwierigkeiten mit dem Chef am Arbeitsplatz sind oft ein Zeichen dafür, dass jemand den Kontakt zu seinen Eltern noch nicht geklärt hat. Sobald dies geschehen ist, wandelt sich meist auch die berufliche Situation. Auch in der Rolle des Ehemanns und Vaters seiner Kinder hat mancher Mann große Probleme, wenn er nicht in die Achtung zu seinem Vater gefunden hat. So wächst er nicht in seine volle Kraft.

Frau Boselt ist 46 Jahre alt und hat einen Pflegeberuf erlernt. Sie hat einen Mann mit einer kaufmännischen Ausbildung geheiratet. Beide hatten sich selbstständig gemacht und eine private Einrichtung zur ambulanten Pflege gegründet. Anfangs lief die Sache nicht so richtig. Nach ein paar Jahren waren sie dann gut etabliert und führten ihr Unternehmen mit gutem Erfolg. Auf einmal gab es Differenzen zwischen ihr und ihrem Ehemann. Sie hatte das Gefühl, dass der Erfolg im Wesentlichen ihr Verdienst sei. Sie habe die Ideen, organisiere alles und pflege die wichtigen Kontakte. Die Leistungen ihres Partners konnte sie nicht anerkennen. Sie brauchte den Erfolg für sich, um ihr Leben zu füllen und sich selbst zu spüren.

Alles musste sie sich selbst erarbeiten. Sie verachtete ihre Eltern, die aus kleinen Verhältnissen kamen, und sah nicht, was ihre Eltern ihr alles geschenkt hatten. So blieb die Kraft, die ihre Ahnen über Generationen aufgebaut hatten, für sie unzugänglich. Alle ihre Anstrengungen machten sie nicht glücklich und sie kam zu uns mit dem Gefühl, dass bei ihr nichts mehr weiter gehe. Wir haben ihr mit einer Würdigung der Eltern geholfen. Mit dem Dank an die Eltern fand sie ihren Frieden, und es kehrte Ruhe in ihr Leben ein.

Wir drücken die Würdigung in einem formalen Dank an Vater und Mutter aus. Hinweise auf diesen Grundsatz und auch auf die Formen der Würdigung verdanken wir unter anderem Bert Hellinger. Es ist angebracht, die Würdigung der Eltern in der Form eines Rituals durchzuführen. Finden Sie eine gute Gelegenheit, wann Sie Ihren Eltern – am besten einzeln – folgenden Text persönlich sagen: „Lieber Vater/liebe Mutter (oder wie Sie gewohnt sind, Ihre Eltern anzusprechen, jedoch nicht mit ihren Vornamen)! Ich danke dir, dass du mir mein Leben geschenkt hast. Ich danke dir für alles, was du mir gegeben hast. Ich nehme es dankbar an und halte es in Ehren. Bitte gib mir deinen Segen, damit es mir gut geht auf der Erde!"
Das geht auch dann noch, wenn die Eltern schon verstorben sind. Dann empfehlen wir den Zusatz: „Solange ich lebe, halte ich die Erinnerung an dich wach." Das können Sie auch auf ein schönes Blatt Papier schreiben und in das Grab stecken. Schöner ist es allemal, wenn Sie es ihnen selbst sagen können. Mancher und manche tun sich schwer mit diesem Ritual.

„So habe ich nie mit meinen Eltern gesprochen und sie nicht mit mir. Die erklären mich für verrückt!" Besonders, wenn der Kontakt zu den Eltern oder zu einem vielleicht getrennt lebenden Elternteil belastet oder ganz abgebrochen ist, ist es wichtig, diesen wieder aufzunehmen.

Die leiblichen Eltern sind nicht austauschbar. Sie sind so, wie sie sind, und so müssen wir sie auch annehmen. Solange wir sie ablehnen, lehnen wir unsere eigene Existenz ab. Wir werden nicht in unsere wahre Kraft kommen und nicht den inneren Frieden finden. Spätestens mit dem vierzigsten Lebensjahr ist es Zeit, die Geschichte mit den Eltern ins Reine zu bringen und die nötige Achtung zu ihnen zu finden.

Oh ja, es gibt Menschen, die das nicht schaffen oder gar kategorisch ablehnen. Sie schleppen eine schwere Last durch ihr Leben und werden sie manchmal bis zu ihrem Tod nicht los.

Diejenigen, die ein solches Ritual mit den Eltern machen, berichten danach von der großen Entlastung, die sie erfahren haben. Manche tun es gegen innere Widerstände und doch mit dem Gefühl, dass es richtig ist. Einige erzählen uns von dem großen Glück, das sie dabei empfinden, dass sie jetzt wieder einen guten Kontakt zu den Eltern gefunden haben.

Wir hatten bei einem Seminar einen Teilnehmer, der im Ausland lebte und zu den Eltern keinerlei Kontakt mehr hatte.

Wir rieten ihm, er möge, solange er im Lande seiner Eltern sei, doch zu ihnen Kontakt aufnehmen und ihnen seine Würdigung aussprechen. Als er in ihre Gegend kam, rief er sie von der Autobahn aus an, besuchte sie und sprach ihnen seine Würdigung aus. Nach ein paar Monaten rief er uns an und bedankte sich für unsere Anregung. Seine Mutter sei inzwischen gestorben und er sei so glücklich, dass er sie noch einmal gesehen und mit ihr Frieden geschlossen hatte. In seinem Leben habe sich inzwischen einiges zum Erfolg gewandelt und er habe seinen inneren Frieden gefunden.

Auch bei einigen Bedenken der Teilnehmer reagieren die allermeisten Eltern positiv und sogar beglückt, und die Kontakte entwickeln sich danach weiterhin erfreulich. Selten ist die Reaktion eines Elternteils barsch ablehnend: „Seitdem du das damals gemacht hast, bist du nicht mehr meine Tochter!" oder Ähnliches. Das ist zwar sehr bekümmerlich für die wohlmeinende Tochter, die viel Mut für den Versuch einer Aussöhnung aufgebracht hat. Dennoch ist schon dieser Versuch von Nutzen für sie. Das vierte Gebot ist das einzige mit einer Option: „Du sollst Vater und Mutter ehren, auf dass es *dir* wohl ergehe auf Erden!" Es heißt nicht, „... dass es den Eltern wohl ergehe."
In der Tat berichten Menschen nach einer solch frustrierenden Erfahrung, dass der Dank sie dennoch entlastet habe. Sie hätten das Gefühl, ihren Teil geleistet zu haben. Was der Vater daraus gemacht habe, sei nicht das Ihre. Das habe ihnen selbst zur Klärung gedient und gebe ihnen ihren inneren Frieden.

Heilsame Worte und Wohlfühler

Oft können Sie mit wenigen Worten schon erreichen, dass jemand, der sich in einer schwierigen Situation befindet, auf einmal wieder etwas Entlastung, Glück und inneren Frieden empfindet.

Wir alle erinnern uns an Worte, die vielleicht vor langer Zeit jemand zu uns gesagt hat, als wir in einer Krise waren und es uns schlecht ging, und die in uns eine heilende Wirkung hinterlassen haben. Wir haben sie nie vergessen, selbst wenn derjenige, der sie uns sagte, sich schon nicht mehr daran erinnert. Auch Sie haben das sicher schon einmal erlebt, und auch Sie haben vielleicht schon einmal solche heilsamen Worte zu jemand gesagt, der Sie viele Jahre später darauf anspricht. Dann sind Sie möglicherweise erstaunt, welch wohltuende Wirkung Sie auf diesen Menschen damals hatten.

Ein Mann, der sich gerade von seiner Frau trennte, machte sich deshalb selbst schwere Vorwürfe. Trennung war ihm von seinem Elternhaus unbekannt, und er betrachtete das als eine Katastrophe für sich. Auf der Suche nach einer eigenen kleinen Wohnung begegnete er einer langjährigen Bekannten, die ihm gar nicht besonders nahe stand. Er erzählte ihr von seiner schwierigen Situation und sie sagte im Laufe des Gespräches ganz naiv: „Weißt du, Bernhard, du bist deswegen kein schlechter Mensch!" Diese Worte fielen bis in die Tiefe seines Herzens - es war genau das, was er jetzt brauchte und er hat diese Worte nie vergessen. Sie hatten eine große heilende Wirkung auf seinen Schmerz.

Das sind Sternstunden einer Begegnung, die wir meist nicht bewusst herbeigeführt haben. Sie sind eine besondere Gnade für beide Seiten. Doch es gibt genügend Möglichkeiten und auch genug Gelegenheiten, anderen etwas zu sagen, was ihnen wohl tut. Das tun wir nur zu selten.

Bei Lingva Eterna lernen die Teilnehmer, für sie hinderliche Wörter durch nützliche zu ersetzen und damit Alternativen zu finden. Irgendwann begannen wir, schöne und wohltuende Wörter zu sammeln und sie anderen Menschen anzubieten. Dem Hektiker bieten wir ein altertümliches „Gemach – gemach!" an, dem Zweifler ein „Es wird sich alles fügen." und ähnliche Formulierungen.

Oft sind es Worte, die lange aus der Mode gekommen sind und eine besondere Güte und Ruhe ausstrahlen. Ich nenne sie gern „Fundstücke aus Großmutters sprachlicher Vitrine". Wir nehmen sie heraus, entstauben sie und freuen uns daran, sie auszusprechen und ihren beruhigenden Klang zu spüren. Und dann sagen wir sie auch zu anderen und lassen auch sie die wohltuende Wirkung spüren.

Inzwischen bieten wir immer am Abend eines Seminartages und ganz am Schluss des Seminars unseren Seminarteilnehmern ein friedvolles und heilsames Wort oder auch einen Satz an, bevor sie nach Hause gehen. Das drängt alles Belastende in den Hintergrund und schenkt ihnen ein Gefühl der Zufriedenheit und Dankbarkeit.

Hier sind einige Beispiele von Wohlfühlwörtern, die Sie durch eigene Ideen und ganz persönliche Wünschen ergänzen dürfen:

Wärme – Wohlgeruch – Schönheit – Sanftmut – wunderbar – satt – zufrieden – Geborgenheit – wachsen und gedeihen – fruchtbar – segensreich – behutsam – achtsam – Sonne – Urlaub

Sprechen Sie einzelne dieser Wörter ruhig vor sich hin. Sie werden ihre wohltuende Wirkung empfinden. Merken Sie sich drei davon für Zeiten, in denen Sie sie besonders brauchen: im Büro am vollen Schreibtisch, vor schwierigen Sitzungen und einfach am Ende eines arbeitsreichen Tages.

Werte, Sinn und Sprache

4

Allen Menschen wohnt offenbar ein Bedürfnis inne, für ihr Dasein einen Rahmen zu finden, der über ihre eigene Existenz hinausgeht und in welchem ihr Leben überhaupt erst einen Sinn finden kann.

Früher war dieses Bedürfnis in den großen Religionen und den Institutionen der Kirchen und anderen Religionsgemeinschaften sicher aufgehoben. In unserem jüdisch-christlichen Kulturraum war dies geprägt durch zwei wesentliche Aspekte:

Das eine war die *Schöpfungsgeschichte*, die uns eine letztlich göttliche Herkunft garantierte. Dazu gehörte auch ein geozentrisches Weltbild. Da Christus auf diese Erde kam, um uns zu erlösen, musste die Erde wohl auch der Mittelpunkt des Universums sein. Heute wissen wir, dass das nicht so ist und kommen uns recht verloren vor in diesem weiten Universum.

Nach Darwins Entwicklung der Evolutionstheorie erscheint unsere Schöpfungsgeschichte in einem anderen Licht. Dort hat das Leben mit einfachsten biologischen Organismen begonnen und sich dann über Millionen von Jahren differenziert und weiterentwickelt. Menschen kamen erst ganz spät dazu. Auch die Menschheit entwickelt sich noch weiter und ein Ende ist nicht abzusehen. Das alles passt nicht so recht zur Schöpfungsgeschichte, wie sie im Alten Testament zu lesen ist. Und dennoch haftet unserer Erschaffung nach dem Glauben der Menschen etwas Göttliches an.

Die zweite Orientierung, welche die Religionen den Menschen anboten, war ein klares *ethisches Regelsystem*, z.B. in den zehn Geboten. Im Judentum ist der zentrale Begriff die *Gerechtigkeit*, der die Gefahr rechthaberischer Auslegungen in sich birgt. Christus macht die *Liebe* zum höchsten Prinzip. Erst später macht die Kirche daraus einen Katechismus mit zahlreichen Vorschriften, die von den Menschen in letzter Konsequenz etwas fordert, was sie nie erfüllen können.

Die Gläubigen werden immer kritischer gegenüber den etablierten Kirchen und reagieren zunehmend mit Ablehnung. Mit dem Bekanntwerden von zahlreichen Fehltritten geistlicher Würdenträger gegen Regeln, deren Einhaltung sie von den ihnen anvertrauten Gläubigen stets forderten, bricht noch einmal ein großer Teil an Glaubwürdigkeit und Vertrauen weg.
Die Kirche war ursprünglich mit dem Anspruch auf ein verbindliches Wertesystem für ihre Gläubigen angetreten, in welchem alle für sie relevanten Werte aufgehoben waren. Diesen Anspruch kann die Kirche nicht mehr aufrechterhalten und sie will es wohl auch nicht mehr.

Danach glaubt mancher, dass es überhaupt keine verbindlichen Werte mehr gebe und jeder Einzelne selbst entscheiden soll, was für ihn wertvoll ist und was nicht. Damit gäbe es nur noch persönliche Neigungen ohne jede Verbindlichkeit. Das sind keine Werte mehr.

> **Werte haben immer den Anspruch auf eine gewisse Verbindlichkeit.** In einer Gemeinschaft besteht Einigkeit darüber, dass sie erstrebenswert sind.
> Die Mitglieder der Gemeinschaft sind in der Regel bereit, sich an diesen Werten zu orientieren und fühlen sich von ihnen getragen.

Es ist erstaunlich, wie viel doch noch von *Werten* die Rede ist im Journalismus, in der Politik, in der Wirtschaft und im Management. Solche Ideen haben oft etwas Zurückblickendes und sind dann manchmal unrealistisch. Manche reden einem neuen Naturglauben das Wort und wollen die Welt mit einer Bauernhofromantik retten. Auf das Auto und die warme Dusche wollen sie freilich nicht verzichten.

Dabei entwickeln sich gerade im Hinblick auf den Schutz von Natur und Umwelt ernsthafte Werte, für die auch viele Menschen bereit sind, etwas zu opfern, gerade junge Menschen. Demnach gibt es durchaus Werte, die uns auch heute eine Orientierung geben können.

Die Tugenden

Manche Menschen können heute mit der Bezeichnung *Tugend* nicht mehr viel anfangen und finden sie verstaubt. Tugend bezeichnet eine achtenswerte und anerkennenswerte Haltung oder Eigenschaft, die eine bestimmte Person oder auch eine Gruppe auszeichnet. Ich glaube, dass es in diesem Sinne auch heute noch Tugenden gibt. Tugenden sind gelebte Werte.

Das Wort *Tugend* kommt von *taugen* und bedeutet Tauglichkeit, Kraft, Vortrefflichkeit. Da geht es mehr um die Nützlichkeit als um die Moral.
Im klassischen Altertum gab es vier Kardinaltugenden. Platon nennt die *Weisheit* (lateinisch: prudentia, sapientia), *Gerechtigkeit* (justitia), *Tapferkeit* (fortitudo) und die *Mäßigung* (temperantia). Die Römer kannten noch die *Milde* (clementia), die *Frömmigkeit* (pietas) und die *Achtsamkeit gegenüber der Familie*. Für das Christentum fügt Paulus hinzu: *Glaube* (fides), *Hoffnung* (spes) und *Liebe* (caritas) – Liebe im Sinne der fürsorglichen Haltung und nicht im Sinne der geschlechtlichen Liebe (amor). Das ist das relativ stabile Inventar an Tugenden, wie wir sie kennen.

Im Mittelalter waren im Minnesang die Liebe und die Treue zum geistlichen und zum weltlichen Herrn beherrschende Themen. Wir finden sie im Parzival und bei den Nibelungen oder in der Runde der Ritter des König Artus. Die mittelalterliche Bezeichnung für *Tapferkeit* war *Starkmut*, wie auf einem Sarkophag im Bamberger Dom zu lesen ist. Das Wort *tapfer* leitet sich etymologisch vom Mittelhochdeutschen ab und bedeutet *fest, gedrungen, schwer* und weist im Norwegischen auf die trächtige Stute hin.

In der deutschen Klassik und Romantik spielten die Tugenden zeitweilig wieder eine große Rolle, z.B. in der Treue, der Freundesliebe, der Achtsamkeit für Natur und Kunst und auch vor dem gesellschaftlichen Auftrag des Dichters und des Sängers. In der Ballade „Des Sängers Fluch" lässt Ludwig Uhland den machtbesessenen und hartherzigen König, der den jungen Sänger getötet hat, mit seiner ganzen Pracht und mit seinem Palast untergehen und aus dem Gedenken der Menschen auslöschen.

Hildegard von Bingen hat allen einzelnen Wirbeln der Wirbelsäule eine Tugend zugeordnet. Damit bilden die Tugenden das Rückgrat und prägen die Haltung eines Menschen auch im übertragenen Sinn. Der spirituell geprägte Heiler Guido Schuhmacher ordnet den zwölf Brustwirbeln von oben nach unten folgende Tugenden zu: Güte, Gnade, Langmut, Sanftmut, Demut, Friede, Freude, Freiheit, Reinheit, Wahrheit, Erkenntnis und Hingabe. Diese Art einen Bedeutungszusammenhang von Tugenden mit Körperstrukturen und daraus abgeleiteten Funktionsstörungen zu sehen, betrachten wir bei Lingva Eterna unter dem Prinzip der Entsprechungen von Sprache und der Realität des Lebens.

Haben wir heute keine Tugenden mehr? Auch wenn nur wenige das Wort *Tugend* in ihrem aktiven Wortschatz haben, so finden sich in Beurteilungen von Mitarbeitern und in Zeugnissen viele Begriffe, die durchaus Tugenden sind: Fleiß, Geduld, Gehorsam, Gradlinigkeit, Zuverlässigkeit, Mut, Pünktlichkeit, Ordnungssinn, Sparsamkeit, Treue, Unbestechlichkeit, Zucht und viele andere.

Es ist bedeutsam, die *Talente* klar von den *Tugenden* zu unterscheiden. Für die Tugenden braucht der Mensch die volle Aufmerksamkeit, sie wollen entwickelt und gepflegt sein. Die Talente bekommen wir geschenkt.

Wir widmen den Tugenden große Aufmerksamkeit. Es sind oft solche, die schon in Vergessenheit geraten sind. Wenn wir sie hervorholen, kommt bei den Teilnehmern oft ein Gefühl von Staunen, Wohlwollen und Würde auf. Sie erkennen die wunderbare Wirkung alter Wörter wie beispielsweise *Langmut*. Solche Wörter weisen ihnen einen sicheren Platz zu, von dem aus sie nicht urteilen müssen, sondern die Chance haben, etwas zu verstehen. Wenn jemand von *Aufrichtigkeit* spricht, so richtet das auch ihn selbst auf, und wenn er jemandem *Redlichkeit* zugesteht, dann wirkt das auch auf ihn selbst zurück.

So wird die Kommunikation mit anderen leicht und schön und der Sprecher bereichert den aktiven Gebrauch dieser Wörter in seinem Leben.

In unseren Seminaren hören wir oft, dass jemand die Bezeichnungen für die Tugenden wohl noch kennt, sie jedoch nicht mehr selbst benutzt. Dann können wir davon ausgehen, dass seine Kinder sie gar nicht mehr kennen werden. Wir regen an, sie wieder aktiv zu gebrauchen und auch weiterzugeben.

Ich glaube, dass es in unserer Zeit durchaus noch Tugenden gibt und dass die Menschen manche Tugenden auch noch achten und leben. Warum reden sie nicht davon?

Wozu brauchen wir Ordnung?

Die *Ordnung* zu beachten ist zweifellos eine Tugend. Sie hilft den Menschen ihr Leben zu gestalten, ihren Tagesablauf zu planen und ihre Kontakte zu ihren Mitmenschen zu regeln. Der Bauer richtet sich nach einer Ordnung, wenn er zeitgerecht säen und ernten will, der Bauherr, wenn er ein stabiles Haus baut, und der Richter, wenn er ein gerechtes Urteil spricht.

Ordnung ist uns in vielfältiger Weise in der Natur vorgegeben und Ordnung liegt auch jedem gesellschaftlichen Leben zugrunde. Es gibt Ordnungen in der horizontalen und in der vertikalen Richtung.

Bei einer *horizontalen Ordnung* stehen die Elemente nebeneinander und sind in ihrer Position und Reihenfolge austauschbar. Auch die Bezeichnungen „rechts" und „links" sind im Prinzip austauschbar. So schreiben wir von links nach rechts, Völker anderer Kulturen schreiben von rechts nach links. In den meisten europäischen Ländern herrscht Rechtsverkehr, die Engländer fahren links. Beides ist offenbar gleichermaßen möglich.

Die Händigkeit, also der bevorzugte Gebrauch der rechten oder der linken Hand, gibt uns eine gewisse Konstanz dabei, wie wir unsere persönliche Messlatte an die Welt anlegen. Nur so können wir sie in ihren Dimensionen erfahren und messen. Wir können diese Messlatte nach rechts oder nach links anlegen. Beides ist möglich. Wir können als Rechtshänder trainieren, mit der linken Hand zu schreiben, und wir können Messer und Gabel beim Essen anders benutzen, als wir es gewohnt sind.

Es ist sinnvoll, für bestimmte Tätigkeiten mit einiger Regelmä-
ßigkeit die rechte oder die linke Hand zu gebrauchen, damit wir
auch in der Lage sind, „b" und „d" sicher zu unterscheiden. Solche Verwechslungsfehler kennen wir von Legasthenikern, die
häufig auch in ihrer Händigkeit nicht eindeutig sind.

Bei der *vertikalen Ordnung,* z.B. „oben" und „unten", ist das anders als bei einer horizontalen Ordnung. Wenn wir einen Stein
in der Hand halten und ihn loslassen, dann wird er immer nach
unten fallen. Das ist Naturgesetz, und wir können es nicht um-
drehen. Die vertikale Reihenfolge von oben nach unten ist
immer eine Rangfolge. Jede Position bezeichnet ihren Rang und
jeder Rang entspricht einem bestimmten *Wert* im System.

Die komplexen Systeme, in denen wir uns täglich bewegen,
haben stets sowohl horizontale als auch vertikale Ordnungs-
strukturen.

Die Etymologie, die historische Herkunft des Wortes *Rang* ist
erstaunlich jung. *Rang* kommt im 30-jährigen Krieg aus dem
Französischen (Rang, Reihe, Ordnung), dort als *Kreis der zu Ge-
richtssitzungen Geladenen.* Wir kennen es auch als Rang und
Plural *Ränge* im Sinne von Zuschauertribünen im Theater und
beim Fußballspiel. Bezeichnenderweise war die Loge des Kaisers
in der Wiener Oper immer im ersten Rang.

Das Verb *ringen* hat ganz andere Wurzeln und hat nichts mit
dem Rang zu tun. Das miteinander *rangeln* passt gut zu manchem, was wir zum Rang zu sagen haben. Es hat allerdings auch

eine andere Herkunft und kommt vom mittelhochdeutschen *range* für *Schlingel*. Dies bezeichnet ein Kind, das etwas anstellt. Die ursprüngliche Bedeutung von *Rang*e war „läufige Sau", ein derbes Schimpfwort.

Hierarchie und Rang haben eine ordnende Funktion in vielen Bereichen des sozialen Lebens wie der Dienstrang beim Militär und im Beamtentum und die Position in der Firma, wobei der Ranghöhere entscheidet, was zu tun ist.
Die Adverbien *vor-* und *nachrangig* signalisieren das Ausmaß an Bedeutung z.B. bei der Planung von Maßnahmen und Entwicklungen. Rangordnungen gibt es in der Familie, in allen Betrieben, Firmen und Behörden.

Hierarchie und Rang stehen für ein vertikales Ordnungsprinzip, bei welchem die jeweilige Position in der Abfolge bereits einen bestimmten Rang anzeigt. Sie sind notwendige und hilfreiche Ordnungselemente. Sie schaffen Klarheit und Transparenz und ein effizientes Zusammenleben.

Es gibt auch die Möglichkeit, dass zwei Hierarchien nebeneinander bestehen, die sogenannten *parallelen Hierarchien*:
In einer Klinik für Abhängigkeitserkrankungen leitete ein Sozialpädagoge praktisch die Abteilung seit Jahren und mit Erfolg. Der ärztliche Direktor schickte im Rahmen der Facharztausbildung turnusmäßig junge Kollegen in diese Abteilung. Sie hatten wenig Kenntnis von der besonderen Materie und der Sozialpädagoge führte sie in die wesentlichen Dinge ein. Er war gegenüber den Ärzten dienstrechtlich nicht weisungsbefugt.

Manche der jungen Ärzte spielten sich gegenüber dem Sozialpädagogen auf, was diesen maßlos ärgerte. Darauf sprach er den ärztlichen Direktor an und verlangte, dass die Assistenten auf seiner Abteilung ihm formal unterstellt würden. Dieser Entscheidung wich der Chefarzt immer wieder aus, was den Sozialpädagogen noch mehr ärgerte. Er fühlte sich als Leiter der Abteilung, was auch seinem Kenntnistand gegenüber den Assistenzärzten entsprach. Er übersah, dass von den Ausbildungsrichtlinien für Ärzte eine Unterstellung nur unter einen dazu befugten Arzt möglich war.

In einem Coaching-Prozess erarbeiteten wir mit ihm, dass es hier zwei Hierarchien nebeneinander gäbe und er auf der offiziellen Ausbildungsebene keine Weiterbildungsbefugnis haben könne. Seine fachliche Kompetenz sei dabei unbestritten, und diese wurde auch von seinem Chef eindeutig anerkannt.
Dies konnte er schließlich akzeptieren, und er kam von da an gut mit seinem Chefarzt und mit den ihm *zugeordneten, doch nicht untergeordneten* Assistenzärzten zurecht.

> Bei Lingva Eterna betrachten wir Rang und Hierarche als gesellschaftlich gegebene Strukturen, deren Beachtung wir grundsätzlich gutheißen. Sie erleichtern auch denjenigen, die unter menschenverachtenden Bedingungen leben und arbeiten müssen, sich ein gewisses Maß an gegenseitiger Achtung zu bewahren. Sie können damit leichter zwischen der Position, dem Verhalten und der Person ihres Gegenübers differenzieren.

Wir wissen sehr wohl, dass solche Systeme auf allen Ebenen und in allen beruflichen Sparten existieren. Lingva Eterna will auch Menschen in einer solchen Situation etwas geben, das ihnen das Leben erleichtert.

Wer darf wo sitzen, und wie muss ich ihn anreden?

In der Praxis zeigt sich die *Rangordnung* oft in der *Sitzordnung.* Sie ist ein wirksames Instrument der Ordnung in Familie und Beruf und es ist sinnvoll, sie einzuhalten. Wo dies nicht geschieht, kommt es leicht zu Streit und *Gerangel*. Ich orientiere mich an den von Bert Hellinger entwickelten Ideen zur Hierarchie in der Familie. Er geht von zwei Grundprinzipien aus.

Das eine ist die männliche Dominanz in der Geschlechterrolle. Um der Klarheit der folgenden Darstellung willen übernehme ich dieses Prinzip und hinterfrage es nicht. Ich bin mir bewusst, dass sich hiergegen manches einwenden ließe.

Das zweite ist die Richtung im Uhrzeigersinn. Damit geht die Sitzordnung bei Tisch vom Vater aus. Links neben ihm sitzt die Mutter und danach folgen die Kinder nach dem Alter, beginnend mit dem Ältesten. So geht es um den Tisch herum. Dann kann das jüngste Kind rechts vom Vater sitzen. Tatsächlich sitzt es links von seinen älteren Geschwistern. Entscheidend für den Rang ist die Richtung im Uhrzeigersinn.
Kinder, die noch Hilfe beim Essen brauchen, dürfen unmittelbar links von der Mutter sitzen, Sobald sie selbständig essen können, bekommen sie den Platz, der ihrer Position in der Familie entspricht.
Großeltern sind ranghöher als die Eltern und sitzen rechts vom Vater. Wenn der Vater momentan abwesend ist, dann bleibt sein Platz frei. Ist der Vater permanent abwesend und die Mutter alleinerziehend, dann darf ein Sohn nicht die Po-

sition des Vaters bei Tisch einnehmen. Andernfalls wird er mit der Mutter rivalisieren, und es wird andauernd zu Erziehungsschwierigkeiten kommen. Bei Patchworkfamilien wird das zu einer komplizierten Sache.

Die Sitzordnung hat gleichermaßen Bedeutung in einem wirtschaftlichen Betrieb, in einer Behörde und in einem Kindergarten. Links neben dem Chef sitzt die Vertretung, danach kommen die Abteilungsleiter und die weiteren Mitarbeiter nach der Dauer ihrer Betriebszugehörigkeit. Die Position im System spielt dabei eine Rolle, die fachliche Qualifikation spielt eine untergeordnete Rolle. Je nach Betriebsstruktur bedarf es einer klugen Interpretation dieser Grundsätze. Wenn sie gar nicht beachtet werden, dann führt das oft zu Schwierigkeiten. Wer gegen eine solche Regelung ständig revoltiert, passt nicht in diesen Betrieb.

Eine gewisse Rangordnung zeigt sich auch im Gebrauch von Titeln und im Umgang mit Positionen. In Deutschland und in Österreich ist es bei der Anrede und vor allem bei offiziellen Anlässen üblich, dass die Mitarbeiter die Vorgesetzten mit ihrem Titel ansprechen, außer es ist ausdrücklich etwas anderes vereinbart. In der Schweiz ist das nicht so. Ich hatte eine Zeit lang einen offen autoritären Chef, der anwies, dass akademische Mitarbeiter sich ohne Titel ansprechen sollten. Das galt auch für ihn. Wir sprachen ihn mit „Herr K." an, ohne seinen Professorentitel. Das war so ausgemacht und damit in Ordnung. Und es tat seiner Autorität keineswegs Abbruch. Das hätte er nie geduldet.

Gelegentlich kommt es vor, dass Professoren von Fachhoch-
schulen und anderen Ausbildungsstätten ihren Studenten
generell das „Du" anbieten und so mit den Studenten kum-
peln. Sie scheuen sich, ihren Platz als Lehrender und als Füh-
rungsposition einzunehmen. Die Studenten nehmen sie
letztlich nicht ernst und lernen auch wenig von ihnen. Nur
was aus einer Vorgesetztenposition kommt, nehmen sie als
verbindlich an. In Österreich erhält der Medizinstudent mit
dem Examen auch den Doktortitel, ohne zusätzliche Doktor-
arbeit. In einer Vorlesung sprach der Professor eine Studentin
bereits im Studium mit „Frau Doktor" an. Das war so üblich.
Für mich als einem aus Deutschland kommenden Studenten
war das recht ungewohnt. Ich fand es einfach charmant.

Wir erleben häufig, dass Seminarteilnehmer in Führungsposi-
tionen ihre *Mitarbeiter* als *Kollegen* ansprechen und sich wundern, dass diese ihnen nicht folgen. Mitarbeiter sind in der
Hierarchie Untergebene. Kollegen stehen auf der gleichen Stufe
und können mit anderen Kollegen etwas vereinbaren. Sie können sie jedoch nicht anweisen, was sie zu tun haben.
Wenn Vorgesetzte ihre Mitarbeiter als Kollegen ansprechen,
so riskieren sie, dass diese ihren Anweisungen nur unwillig
oder gar nicht folgen.
Manche Hierarchien sind kompliziert. Entscheidend ist, dass
sie durchschaubar sind und nicht die tatsächliche Situation
verschleiern.

166

Das Glück und die Entdeckung der Dankbarkeit

Unsere Teilnehmer kommen aus vielerlei Berufen und mit unterschiedlichstem Hintergrund. Da finden sich ein Trainer, ein Arzt, eine Erzieherin, ein technischer Betriebsleiter, ein Bankdirektor, eine Lehrerin, ein Gewerkschaftsfunktionär und eine Hausfrau und Mutter mit drei Kindern.

Auffällig ist bei den Seminaren die Altersverteilung mit einem deutlichen Schwerpunkt zwischen Mitte vierzig und Mitte fünfzig Jahren. Das ist das Alter, in dem sich neue Fragen stellen. „Ist es das, was ich erreichen wollte? Soll ich jetzt nur noch die Jahre bis zu meiner Pensionierung zählen?" Da kommen oft Zweifel auf.

Was sich jetzt meldet, sind Fragen nach Sinn und Auftrag unseres eigenen und einmaligen Lebens. Diese Menschen haben sich ihre wirtschaftliche Existenz geschaffen, und die früheren Ängste und Sorgen drücken sie nicht mehr. „Was mache ich mit der Energie, die ich noch habe? Was können jetzt meine Ziele noch sein? Hat mein Leben einen tieferen Sinn? Habe ich einen Auftrag in dieser Welt? Erfülle ich meinen Lebensplan?" Mit solchen Fragen kommen die Teilnehmer zu uns.

Fast alle unsere Seminarteilnehmer sagen uns im Verlauf eines Gespräches: „Sprache hat mich schon immer interessiert." und oft weiß ich nicht so recht, was sie damit sagen wollen. Vielleicht wissen sie es selbst nicht genau. Ich glaube, es ist ihre Frage nach dem Sinn ihrer eigenen Worte, denn diese sind ein Abbild ihres Lebens.

Manche kommen zu uns in einer Phase der Neuorientierung – beruflich, in der Partnerschaft oder in der Familie. Manche Mütter mit heranwachsenden oder erwachsenen Kindern klagen darüber, dass sie erst so spät Lingva Eterna kennen lernen. Sie glauben jetzt erkennen zu müssen, dass sie ihre Kinder gänzlich falsch erzogen haben, und sie beschuldigen sich dafür. Andere meinen, sie hätten bei einer früheren Kenntnis einer solchen Wirkung der Sprache ihre zerbrochene Partnerschaft in Frieden und Glück weiterleben können. Erst jetzt seien sie dabei, die wahren Werte für sich zu erkennen.

Wir wünschen diesen Menschen, dass sie langmütig mit sich sein mögen. Alles, was sie tun, hat einen tieferen Sinn, auch wenn sie ihn noch nicht erkennen. Wissen sie denn, was das Schicksal mit ihnen vor hat? Auf diesen tieferen Sinn dürfen wir uns verlassen bei uns selbst und auch bei anderen Menschen.

Auch ich glaubte früher, mein bisheriges Leben sei mit vielen unnützen Schnörkeln und sinnlosen Mäandern verlaufen. Andere waren da zielstrebiger und klarer als ich, und sie hatten mehr Erfolg. Dabei waren sie bestimmt nicht klüger als ich. Irgendwann habe ich begriffen, dass alle diese scheinbaren Schlenker in meiner Entwicklung einen Sinn hatten.

Auf einmal konnte ich meine eigenen Erfolge sehen, und manchmal machten mich erst andere darauf aufmerksam. Da begriff ich auch, dass dies ohne die Schlenker nicht möglich gewesen wäre. Und es beschlich mich ein Gefühl von stiller

Dankbarkeit. Diese *Dankbarkeit* lernen wir erst mit den Jahren kennen – als eine kluge und milde Freundin.

In jungen Jahren neigen viele Menschen dazu, schnell zu urteilen. Erst mit den Jahren lernen sie, sich die Zeit zum Beobachten zu geben, hinzuschauen und abzuwarten, was sich entwickelt – auch bei sich selbst. Genießen Sie doch das Glück zu erkennen, dass Sie manchmal klüger gehandelt haben, als Sie es selbst geglaubt hatten!
Vieles, was sich später als klug erweist, tun wir unbewusst. „Der Mensch in seinem finst'ren Drange ist sich des rechten Weges stets bewusst.", sagt Goethe im Faust.

Wissen *über,* wissen *von* oder wissen *um* etwas?

Dieses Wissen ist ein anderes Wissen als unser Wissen von Fakten, logischen Bedingungen und Folgerungen. Es ist ein Wissen *um* etwas.

Wenn ich sage: „Ich weiß etwas *über* dich!" so hat das etwas Bedrohliches. Ich stelle mich *über* den anderen. Sage ich: „Ich weiß dies und das *von* dir!" dann tue ich kund, dass ich etwas Bestimmtes weiß. Sage ich: „Ich weiß *um* dich und deine gegenwärtige Situation!", dann signalisiere ich Verständnis und vielleicht Mitgefühl und Wohlwollen. Es hat etwas Schonendes und Achtsames, wenn ich jemanden im Beisein anderer so anspreche.

Ihm gegenüber drücke ich meine wohlwollende Einstellung aus, und den anderen deute ich an, dass diese Person der Schonung bedarf und dass da etwas ist, was nicht für alle Ohren ist. Das werden all die anderen so akzeptieren. Nur mit der kleinen Wandlung der Präposition nach dem Wort *weiß* treffe ich eine anerkennende und beschützende Aussage.

Manchmal haben wir ein solches Wissen *um* den Sinn in unserer eigenen Entwicklung. Als junger Assistenzarzt am Beginn meiner beruflichen Entwicklung hatte ich Gelegenheit mit einer klugen und erfahrenen Kollegin zu sprechen und sprudelte ein großes Durcheinander heraus. Da unterbrach sie mich und fragte mich wohlwollend: „Lieber Herr von Stockert, sagen Sie mir, was Sie wirklich wollen!" Darauf stutzte ich und besann mich einen Moment. Dann stellte ich ihr in relativ geordneter Weise eine klinische Einrichtung vor, die es noch nicht gab. Ich habe sie vor mir gesehen und wollte sie entwickeln und leiten.

Das war damals noch gänzlich unrealistisch für mich. Diese Geschichte vergaß ich dann vollkommen. Erst etwa 20 Jahre später stand ich in meiner Klinik auf dem Gang, blickte mich um und sagte zu mir: „Mensch, das ist doch genau das Ding, das du vor so vielen Jahren dieser wunderbaren Frau Dr. B. in München beschrieben hast!" Damals hatte ich ein ziemlich klares Bild entwickelt, an das ich bis zu diesem Zeitpunkt nie wieder gedacht hatte, ganz im Inneren hatte ich es nie vergessen – und ich habe danach gehandelt, ohne dass es mir bewusst war.

Was von Ihrem Auftrag haben Sie noch nicht gelebt? Haben Sie manchmal das Gefühl, dass Sie in Ihrem Leben etwas vergessen haben, das Ihnen doch wichtig erscheint? Es liegt noch da und wartet darauf, aufgehoben zu werden. Sie sind gut beraten, solche Dinge aufzugreifen.

Ein weiser älterer Professor gestand mir eines Tages: „Mir graut vor dem Tag meiner Pensionierung. Ich habe es versäumt, ein Musikinstrument zu erlernen!" Er war in hohem Maße an Musik interessiert und sicher auch selbst musikalisch. Er hatte eine Gabe nicht gepflegt und nicht entwickelt und er litt darunter. Eine Neuorientierung hat er nicht mehr geschafft und wurde depressiv. Ähnlich geht es sicher auch anderen Männern.

Irgendwann, oft erst im mittleren Lebensalter, kommen den Menschen Fragen nach ihrer Bestimmung und ihrem Auftrag im Leben. Dann melden sich Talente und Wünsche, die sie noch nicht gelebt haben. Fangen Sie rechtzeitig mit etwas an, sonst kann es Ihnen später gehen wie dem Professor, der es versäumt hatte, ein Musikinstrument spielen zu lernen.

Werte bei Lingva Eterna

Wir glauben, dass jeder Mensch eine persönliche Bestimmung und einen Auftrag hat, der seinem Leben einen Sinn gibt.
Wir anerkennen und achten jeden Menschen als eine eigene Persönlichkeit. Ihr Charakter bildet sich schon in der Kindheit und bleibt im Kern das ganze Leben lang bestehen. Gleichzeitig erfüllt jeder Mensch den Auftrag zur Entfaltung und Entwicklung seiner Persönlichkeit. Dabei spielen *Werte* eine wesentliche Rolle: Dimensionen wie Achtung, Wertschätzung, Würdigung und Authentizität. Wir betonen die Steuerung der eigenen Emotionen und der Einstellung zu anderen Menschen, zur Natur und zum Leben. Der bewusste Umgang mit der Sprache führt uns auf den rechten Weg.

Aus unserer Sicht sind *Werte* etwas Lebendiges, das wir uns ständig bewusst machen und pflegen. Ein grundlegender Wert ist für uns die *Achtsamkeit*. Wir *achten* jeden Menschen als etwas Einmaliges. Jeder Mensch hat das Recht auf sein eigenes Leben in physischer und geistig-seelischer Selbstbestimmtheit und Freiheit. Er hat das Recht und auch die Pflicht, sein Leben selbst zu gestalten und zu erfüllen. Er übernimmt damit die Verantwortung für seine Gedanken, für seine Gefühle und für seine Handlungen. Dafür hat jeder Mensch einen eigenen Freiraum, den er nutzen darf.
Wer stets andere für sein vermeintliches Unglück verantwortlich macht, gibt freiwillig seinen eigenen Gestaltungsraum auf und begibt sich in Abhängigkeit und Fremdbestimmung. Das erkennen wir oft in sprachlichen Äußerungen wie:

„Da müssen endlich die da oben was tun!", „Ich muss nur das ausführen, was da von oben kommt."

Eine aktive Einstellung zu ihren Möglichkeiten haben nur etwa zehn Prozent der Menschen. Ich glaube, dass es langsam mehr werden. Manche würden mehr eigene Verantwortung für sich und diese Welt entwickeln, wenn sie wüssten, wie sie es anfangen sollten. Vielleicht ist ein solches Wachstum an aktiver Selbstbestimmung der Auftrag an die Menschen unserer Zeit. Die Freiheit und Selbstbestimmtheit, die wir selbst in Anspruch nehmen, müssen wir auch anderen Menschen zubilligen. Sie haben im Wesentlichen die gleichen Rechte wie wir. Wenn wir das Recht auf unsere eigene Meinung haben, so müssen wir akzeptieren, dass andere auch ihre Meinung haben. Wir nennen das eine *Deinung*. Sie hat die gleichen Rechte und Pflichten wie meine *Meinung.*

Mit Lingva Eterna manipulieren wir niemanden, um zu erreichen, dass er etwas tut, was er nicht will. Und wir bringen ihm nicht bei, wie er das bei anderen erreichen kann. Das klingt selbstverständlicher als es tatsächlich ist. Manche Trainer lehren in ihren Workshops genau das Gegenteil.

Bei unserer Arbeit mit Seminarteilnehmern ist die *Freiwilligkeit* ein wichtiger Grundsatz. Im Rahmen der *Vertragsarbeit* holen wir uns auch bei den einzelnen Schritten immer wieder das Einverständnis des Teilnehmers und der Gruppe ein. Damit fördern wir die freie Entscheidung des Teilnehmers und achten ihn und seine Sprache. Wir achten die Welt und die Geschöpfe mit *Wohlwollen*. Sie haben ein Recht darauf. Wir schützen und bewahren die Natur in ihrer Eigenart und ihrer Entwicklung. Wir lehren unsere Teilnehmer, ihre Botschaften an andere mit einer *wohlwollenden Kontaktaufnahme* zu beginnen.

Für uns ist die *Sprache* schon ein Wert an sich. Sie ist ein Element, das die Menschen verbindet und ihnen die innere Einsamkeit nimmt. Sie ist die Grundlage für unser gesellschaftliches Leben, für Politik und Kultur und auch für den alltäglichen Schwatz mit der Nachbarin. Sprache hat eine gestaltende Funktion für unsere geistige Entwicklung. Wir können durch Wandlungen in unserer Sprache unsere Aufmerksamkeit und unsere Wahrnehmung und vor allem unsere Emotionen steuern lernen. Mit Sprache gestalten wir unser Leben. Ihre innere Struktur ist ein Modell unserer Weltordnung.

Klarheit in der Sprache hat auch ein ästhetisches Moment. Wohlgestaltete Sätze haben einen eigenen Reiz und eine wohltuende Wirkung. Wir finden in der Sprache immer wieder schöne und klangvolle Formulierungen, die manchem zunächst veraltet und verstaubt vorkommen. Erst wenn er sie mehrfach ausspricht, berührt ihn auf einmal ein inneres Wohlgefühl. Wie wohltuend ist es, wenn jemand einen Menschen als *langmütig* bezeichnet, oder wenn wir einen Umstand als *segensreich* empfinden. Sammeln Sie solche kleinen Werte in Form von schönen Wörtern und bewahren Sie sie sich. Denn zu viele der großen Ideale haben uns in die Irre geführt. Gestalten Sie Ihr Leben mit Ihrer Sprache. Ein Spruch aus dem Talmud fasst das auf eindrucksvolle Weise zusammen:

Achte auf deine Gedanken,
denn sie werden zu deinen Worten.

Achte auf deine Worte,
denn sie werden deine Handlungen.

Achte auf deine Handlungen,
denn sie werden deine Gewohnheiten.

Achte auf deine Gewohnheiten,
denn sie werden dein Charakter.

Achte auf deinen Charakter,
denn er ist dein Schicksal.

Wohin gehen wir?

Wir erleben in unserer Zeit tief greifende Veränderungen, die in frühen Prophezeiungen schon angekündigt worden waren. Seit mehr als zehn Jahren erfahren wir eine deutliche Zunahme von Katastrophen. Zunächst waren es vor allem Naturkatastrophen wie Tsunami, Erdbeben, Überschwemmungen, Vulkanausbrüche und Seuchen. Nun sind es auch von Menschen verursachte Finanzskandale, wirtschaftliche Zusammenbrüche und durch technische Mängel verursachte Katastrophen von ungeheuerlichem Ausmaß.

Große Systeme in der Welt brechen auseinander. Angesehene Firmen mit zahlreichen Beschäftigten werden insolvent. Der Geldmarkt gerät aus den Fugen und niemand scheint mehr in der Lage zu sein, ihn wieder sicher in den Griff zu bekommen. Aus einer gesunkenen Ölplattform sprudeln riesige Mengen Öl und verschmutzen die Meere und das angrenzende Land mit langfristigen Folgen für Mensch und Natur. Die Welt erfährt eine furchtbare Paarung von Naturkatastrophen und technischem Versagen wie bei dem Reaktorunfall in Japan, der bisher beispiellos ist.

Menschliches Versagen sehen wir auf einmal als Naturkatastrophe an, wenn es nur genügend weitreichende Folgen hat, dass kein einzelner Mensch noch eine Firma in der Lage ist, den Schaden zu begleichen. Ethische Aspekte werden zunichte, wenn niemand mehr eine solche Verantwortung tragen kann. An was sollen die Menschen sich orientieren? Muss denn noch Vieles weiter zugrunde gehen, bevor ein Neuanfang greifen kann? Ein Bewusstsein für die Umwelt und der Wille, achtsam mit ihr umzugehen, entwickeln sich am ehesten noch in kleinräumigen Dimensionen, wo Menschen beginnen, sich zu verweigern und innezuhalten.

Kenner weisen darauf hin, dass diese Veränderungen auf unserer Erde mit großen astronomischen Ereignissen zusammenhängen, bei denen unser Sonnensystem durch die Milchstraße hindurchtritt und es zu einem Polsprung kommt. Dabei erfüllt sich ein Zyklus von circa 26 000 Jahren, wie es die Maya bereits berechnet haben sollen. Das sind freilich Dimensionen, die alle unsere menschlichen Vorstellungen hinter sich lassen.

Die Ethik des Überlebens

Am Anfang dieses Buches sprach ich von der Entwicklung vom Gehirn des Menschen und seiner Sprache und wies darauf hin, dass zwei Bereiche im Gehirn des Menschen und schon seiner Vorfahren sich in den letzten 150 000 Jahren in besonderem Umfang entwickelt haben.

Den einen Bereich an der Grenze von Schläfenlappen und Scheitellappen nannte ich das *Know-how-Zentrum.* Es besteht aus zahllosen multimodalen Verknüpfungen vom visuellen und akustischen Bereich und dem Bereich der taktilen Wahrnehmung und der Feinmotorik. Dies hat die Menschen in die Lage versetzt, enorme technische Entwicklungen und Möglichkeiten und auch die Sprache zu erschaffen.

Der andere Wachstumsbereich liegt an der Basis des Stirnhirns und hat etwas mit Planung und sozialen Aspekten unseres Lebens zu tun. Er sollte uns etwas dazu sagen, ob wir alles das, was wir mit unserem *Know-how-Zentrum* machen können, auch wirklich machen sollen und dürfen. Dieser Bereich stellt die Frage „Wozu?" und hat noch keine Antworten. Er hinkt in der Entwicklung dramatisch hinterher.

Die Menschen entwickeln Waffen, von denen wir nicht wissen, ob und unter welchen Bedingungen sie sie einsetzen sollen. Sie haben Geräte und hochentwickelte Methoden der Intensivmedizin und wissen oft nicht, ob sie jemandem etwas Gutes tun, wenn sie sie anwenden.

179

Das ist das große Dilemma und die Herausforderung in unserer Zeit:
Die Schere geht immer stärker auseinander zwischen immer mehr neuen technischen Möglichkeiten und der Entscheidung, ob wir sie überhaupt einsetzen dürfen – wann, unter welchen Bedingungen, bei wem und in welchem Umfang.

Die Menschen finden keine Antworten mehr auf ihre Fragen. Der Handelnde steht allein. Er soll selbst für jede Entscheidung eine eigene Werteskala finden.

Freilich haben die zehn Gebote noch immer ihre Gültigkeit, aber sie helfen ihm nicht weiter. Die Religion gibt ihm keine klaren Entscheidungshilfen. Die in Mode gekommenen Verfassungsklagen sind ein Zeichen von Hilflosigkeit.

Früher sagte ich tröstlich: Lassen Sie uns doch etwas Geduld haben und noch einmal 50 000 bis 100 000 Jahre abwarten. Vielleicht ist unser Frontalhirn dann soweit entwickelt, dass es uns die Antworten auf solche Fragen geben wird – wenn es dann noch Menschen gibt.

Inzwischen bin ich davon überzeugt, dass uns die *Sprache* eine Chance bietet, schon jetzt Antworten zu finden. Wenn wir sie dazu nutzen, taugliche Regeln für das Zusammenleben zu finden und diese in klare und achtsame Worte fassen, dann werden wir sie auch allen Menschen so darstellen können, dass sie bereit sind, miteinander in Frieden zu leben.

Ein wenig Zeit wird auch das noch brauchen. Also, lassen Sie uns beginnen. Lingva Eterna kann uns dabei helfen.

Literaturempfehlungen

Berne, E.: Spiele der Erwachsenen. rororo 1970

Chomsky, N.: Aspekte der Syntaxtheorie. Suhrkamp 1969

Duden Grammatik. Bibliografisches Institut 1998

Duden Herkunftswörterbuch. Bibliografisches Institut 2001

Fischer, S. R.: Eine kleine Geschichte der Sprache. Campus 1999

Grindler, J., Bandler, R.: Kommunikation und Veränderung. Junfermann 1984 NLP

Hellinger, B.: Ordnungen der Liebe. Carl-Auer-Systeme Verlag 2001

Herrmann, C., Fiebach, C.: Gehirn und Sprache. S. Fischer 2005

Jakobson, R.: Kindersprache, Aphasie und allgemeine Lautgesetzte. Edition Suhrkamp 1969

Janson, T.: Eine kurze Geschichte der Sprachen. Spektrum 2006

Kahir, M.: Das verlorene Wort. Turm Verlag 1960

Klemperer, V.: Lingua Tertii Imperii. Reclam 1975

Kuckenburg, M.: Wer sprach das erste Wort? Theiss 2004

Molcho, S.: Körpersprache. Mosaik Verlag 1983

Saussure, F. de: Cours de Linguistique Generale. Genf 1916

Schuhmacher, G.: Diagnose und Therapie für eine neue Zeit. Schuhmacher-Verlag 2001

Singer, W.: Der Beobachter im Gehirn. Essays zur Hirnforschung. Suhrkamp 2002

Springer, S., Deutsch, G.: Linkes/rechtes Gehirn. Spektrum 1998

Strehlow, W.: Die Psychotherapie der Hildegard von Bingen. MensSana 2010

Scheurl-Defersdorf, M. R. von: In der Sprache liegt die Kraft. Klar reden, besser leben. Herder 2010

Scheurl-Defersdorf, M. R. von, Stockert, T. von: In der Sprache liegt die Kraft. Sich selbst und andere führen (Hörbuch). Lingva Eterna 2010

Spockhoff, H. von: Bewusstsein, Geist und Seele. Insel Taschenbuch 1996

Steward, J., Joines, V.: Die Transaktionsanalyse. Herder 1990

Watzlawick, P., Beavin J., Jackson, D.: Menschliche Kommunikation. Huber 2007

Wittgenstein, L.: Philosophische Schriften. Suhrkamp 1967

Zum Autor

Dr. Theodor von Stockert hat in Frankfurt am Main und in Wien Medizin studiert. Bei Weiterbildungen und Studienaufenthalten in Deutschland und in den USA hat er zahlreiche Zusatzqualifikationen erworben aus den Bereichen Psychotherapie, Transaktionsanalyse, Neuropsychologie, Physikalische Medizin und Rehabilitation, Qualitätsmanagement im Krankenhaus (European Federation of Quality Management). Im Rahmen seiner ärztlich-wissenschaftlichen Tätigkeit hat er sich immer wieder mit dem Thema Gehirn und Sprache befasst. Er hat Arbeiten zur Neuropathologie, Neuropsychologie, Forensischen Psychiatrie, Neurolinguistik und Sprachtherapie publiziert.

Er war an vielen Kliniken und Instituten tätig: Max-Planck-Institut für Hirnforschung in Frankfurt, Veterans' Administration Hospital in Boston (USA), Universität Frankfurt, Städtisches Krankenhaus Neukölln in Berlin, Universität Ulm, Universität Konstanz, Kliniken Dr. Schmieder in Allensbach. Schließlich kam er an das Klinikum am Europakanal in Erlangen. Dort baute er die Klinik für Neurologischen Rehabilitation auf und leitete sie viele Jahre.

Seit 2004 ist er Senior Partner des Lingva Eterna Instituts für bewusste Sprache in Erlangen. Er verfasst die meisten der Seminarkonzepte und einen großen Teil der Texte für die Ausbildung der Lingva Eterna Dozenten sowie für die Ausbildung der Fachdozenten und Coachs.

Kontaktadresse

Für Leser und Leserinnen, die das in diesem Buch Erfahrende praktisch vertiefen wollen, bietet das LINGVA ETERNA Institut für bewusste Sprache *Seminare* und *Ausbildungen* an.

Nähere Informationen finden Sie auf der Webseite des Instituts: www.lingva-eterna.de

Theodor von Stockert erreichen Sie über die E-Mail Adresse: v.Stockert@lingva-eterna.de

Mechthild R. von Scheurl-Defersdorf
Theodor R. von Stockert

In der Sprache liegt die Kraft
sich selbst und andere führen - Hörbuch
EAN 4 260198 990125

Die Art und Weise, wie ein Mensch
spricht, hat eine starke Wirkung auf
seine Ausstrahlung und auf ihn selbst.

In der Sprache
liegt die Kraft
CD 2

klar und
wertschätzend
führen

Die beiden CDs geben Ihnen einen Einblick
in die Wirkungsweise der Sprache mit leicht verständlichen
Erklärungen, praxisnahen Dialogen und Anleitungen zum
selbständigen Üben. Dieses Hörbuch ist für Beginner ebenso
geeignet wie für Menschen, die ihr Wissen um die Kraft
der Sprache auffrischen wollen.

Mechthild R. von Scheurl-Defersdorf
Theodor R. von Stockert

In der Sprache
liegt die Kraft
sich selbst und andere führen

2 CDs

LINGVA ETERNA Verlag

LINGVA ETERNA Verlag Erlangen
www.LINGVA-ETERNA.de

Mechthild R. von Scheurl-Defersdorf

Die Kraft der Sprache

Kartensatz

EAN 4 260198 990156

80 farbenfroh gestaltete Karten machen Ihnen
die Wirkung von alltäglichen Redewendungen bewusst
und bieten Ihnen Alternativen sowie Erklärungen an.
Kleine Änderungen in der gewohnten Wortwahl bringen
Ihnen mehr Klarheit und eine wirkungsvolle Ausstrahlung.

Wann
müssen
wir losfahren?

Wann fahren wir los?

LINGVA ETERNA

Mechthild R. von
Scheurl-Defersdorf

Die **Kraft** der Sprache

80 Karten für
den alltäglichen
Sprachgebrauch

*Mit dem Muss-Denken
machst du dir
und anderen Druck.
Erlaube dir Leichtigkeit.
Die Lösung ist:
Einfach tun.*

Der Kartensatz ist geeignet
für Familie, Beruf und Schule.

www.LINGVA-ETERNA.de

LINGVA ETERNA Verlag Erlangen